丛书编委会

大家精要

魏源

王林 著

陕西师范大学出版总社

图书代号 SK16N1019

图书在版编目（CIP）数据

魏源 / 王林著. —西安：陕西师范大学出版总社
有限公司，2017.1（2024.1重印）
（大家精要）
ISBN 978-7-5613-8733-7

Ⅰ.①魏⋯　Ⅱ.①王⋯　Ⅲ.①魏源（1794—1857）—
传记　Ⅳ.①B252

中国版本图书馆CIP数据核字（2016）第272648号

魏　源　WEI YUAN

王　林　著

责任编辑	王西莹	
责任校对	王淑燕	
特约编辑	仲济云	
封面设计	张潇伊	
出版发行	陕西师范大学出版总社	
	（西安市长安南路199号　邮编710062）	
网　　址	http://www.snupg.com	
印　　制	永清县晔盛亚胶印有限公司	
开　　本	650 mm×930 mm　1/16	
印　　张	10	
字　　数	100千	
版　　次	2017年1月第1版	
印　　次	2024年1月第2次印刷	
书　　号	ISBN 978-7-5613-8733-7	
定　　价	45.00元	

读者购书、书店添货或发现印刷装订问题，请与本公司销售部联系、调换。

电话：（029）85303879　　传真：（029）85307864　85303629

目　录

第 1 章

幼有异禀，终老科场

在近代中国，有一本书成为中国人开眼看世界的标志，那就是《海国图志》；有一句话最准确地反映了一个时代的主题，那就是"师夷长技以制夷"。而这两者都出自同一个人，那就是本书的传主，近代著名思想家、学者、诗人——魏源。

魏源生于湖南乡下，家乡偏僻但不闭塞，家境小康且有书香。他幼有异禀，酷爱读书，有神童之誉，早年科场颇为顺利，十五岁即为县学生员，二十岁被选为拔贡。可此后，他科场屡屡受挫，三次才考中举人，六次才考中进士，大半生奔波于科场之上，最后只做到州县级的小官。科场的不幸限制了魏源的仕途，却成就了他的事业。

一、邵邑醇良

魏源，原名远达，字默深，1794 年 4 月 23 日（清乾隆五十九年三月廿四日）出生于湖南省宝庆府邵阳县金潭（今邵阳市隆回县司门前镇金潭）。

魏源的家乡金潭是一个众山环绕的小盆地，东北两面为低山丘陵，西南两面山势较高，有狮山、象山、笔架山耸立，均为雪峰山的余脉。群山怀抱之中有一块方圆约十里的平地，称为沙洲。这里土地肥沃，适宜农耕，还有一条叫金溪的小河自西向东流过。这片小盆地不仅盛产水稻，还蕴藏金矿砂，是一处山清水秀、景色宜人的风水宝地。

邵阳当时属宝庆府，宝庆府是湘西南的政治、经济中心和水陆码头。就陆路而言，宝庆府东接湘乡、湘潭、长沙，西连怀化、芷江、吉首、玉屏等地，是从湘东、湘南及江西、广东通向湘西和贵州、四川的门户，因此商贾云集，货物信息来往不断。就水路而言，宝庆地处资江上游，资江在此支流众多，最终均注入洞庭湖，资江航运之便仅次于湘江。从宝庆府出发，顺流而下，坐船先入洞庭湖，然后向南可到长沙，向北经岳阳可抵武汉。总之，清代的宝庆府乃湘西南要地，与外界联系尚称便利，当地读书人由此入省城或京城求学、应考者大有人在，魏源正是其中最为杰出者。

魏源祖籍江西吉安太和县，元末迁至湖南长沙府善化县。明朝永乐年间，远祖魏万一又自长沙迁至邵阳金潭，以补锅为业，自此繁衍生息，渐成邵阳望族。

魏源的曾祖魏大公，字席儒，国子监生，一生隐居乡下，以种田经商为生，家境小康。为人刚直，乐善好施，以孝顺母亲和周济贫困而著称。他冬天常穿多层衣裤外出，遇有衣衫褴褛者，即脱衣裤施与，有时仅剩空袍回家。有一次，他路过石马江，得知新修石桥缺少经费，便慷慨捐银二百两，石桥乃成。因其急公好义，邵阳知县曾赠其"邵邑醇良"匾额，以资表彰。

魏源的祖父魏志顺，字孝立，虽系贡生，但也隐居未仕，继承祖业，种田经商，家颇富裕。曾在当地修建万石谷仓，人称"万石君"。他也乐善好施，远近闻名。嘉庆八年（1803）夏秋之间，邵阳遭遇大饥荒，百姓生计艰难，可官府照旧催收田赋，全县骚动，民变一触即发。在此紧要关头，魏志顺慨然赴县，变卖家产，代缴田赋，平息了事态，但魏家也由此中落。另据魏氏族谱记载，安化人陶澍早年家境贫寒，曾慕名前往孝立公处求助，孝立公慷慨相助。陶澍为官后，遣人备礼送还债款，孝立公不受，并对来人说：钱财为流通之物，吾非借以谋利，但愿尔主人为官清廉，爱百姓足矣。陶澍不负所望，后来官至两江总督，成为道光朝第一名臣。魏源之父曾在其手下做官，魏源也曾入其幕为幕僚。

魏源之父魏邦鲁，字钟毓，号春煦，国子监生。嘉庆四年（1799）由监生捐了个从九品的巡检，赴江苏就任。巡检的职务是捕捉盗贼，维持治安，凡州县关津险要之处都有设置。魏邦鲁在江苏任职多年，先后署江苏华亭县金山司、嘉定县诸翟司、上海县黄浦司及吴淞司、太仓州甘草司、震泽县平望司、荆溪县张渚司及宝苏局协理，道光七年（1827）署海州惠泽司巡检，次年升任太仓州宝山县水利主簿。

魏邦鲁为官清正廉明，政绩突出。在任期间，亲自督查侦缉，赏信罚必，屡获巨魁，盗贼绝迹。他还关心民众疾苦，任职惠泽时，遭遇大水，捐赈施药施粥，在粥厂与饥民同吃同住达数月之久。调任去日，前来送行者十余里不绝。他曾在"肥缺"苏州钱局任职五年，破除积习，不受陋规，一尘不染，深得前后几任江苏布政使林则徐、贺长龄、梁章钜及巡抚陶澍的信任和器重。魏邦鲁为人慷慨，好读书，喜游览，又通医术，为官之余，还常常免费为乡民看病，微薄的俸禄，大部分用于周济他人。

魏源的家庭和祖父辈对他一生的事业有很大的影响，其表现在：一、在科举时代，只有温饱无虞的家庭才有能力供子弟读书。魏家在当地颇为富裕，为魏源读书提供了充足的物质条件。即便后来因分家和人口增多而家道中落，但魏源仍能依靠家塾安心读书，这就使他在人生的起跑线上不输于他人。二、魏源的曾祖、祖父、父亲都是读书人，获得过科举功名。魏家有尊师重教、崇尚读书的传统，本族的家塾给幼年的魏源提供了良好的读书环境。三、魏源之父魏邦鲁长期在江苏做官，声望颇佳，深得当地百姓的爱戴和上司的器重，这点对魏源的事业影响极大。魏源一生大部分时间任职和居住都在江苏，他父亲当年的上司陶澍、林则徐、贺长龄等又是他的幕主，他一生的事业与这几位大员有密切的关系。可以说，父亲在江苏做官，为魏源后来在江苏发展打下了深厚的人脉基础。四、魏源的祖父辈虽只是一介乡绅或地方小官，但皆乐善好施，热心助人，关心民众疾苦，这种良好的家风对魏源的思想和德行有深刻的影响，魏源一生忧国忧民，以除弊兴利为己任，不懈地探索救国救民的道路，与这种家风的熏陶不无关系。

二、少年苦读，世所罕见

魏源自幼好静，不爱嬉笑，常一人独坐沉思。爷爷对之既惊异又疼爱，常抚摸着他的小脑瓜对家人说：这孩子性情相貌都与众不同，不要把他当作平常的孩子来教育。当地人更传说，魏源出生的当晚，他母亲陈氏梦见一位身穿古衣冠的神人，持巨笔及金色花授之，说是要送给她儿子。梦醒之后，就生下了魏源。在家乡人看来，魏源就是文曲星下凡了。

魏源自七岁入家塾读书。这个家塾由其二伯父魏辅邦管理。魏辅邦自幼勤奋好学，致力于韩、柳、欧、苏古文，以至于废寝忘食。乾隆五十年（1785）考入县学附生，又补增廪生。他曾在岳麓书院读书，深得山长（院长）罗典的器重，并结为忘年交。魏辅邦从岳麓书院返乡后，并没有醉心于自己的功名，而是把希望全放在后辈身上，全力管理家塾。他对子侄及孙辈要求甚严，延访名师，不惜重聘。每日除塾师功课外，口讲指画，彻夜不休。魏源对这位二伯父的人品和学问都很佩服，对伯父的教诲更是没齿不忘。

家塾里另外两位老师对魏源的学业也有很大影响。一位是本地人欧阳炯明，字步青，号畏庵，廪膳生。他博闻强记，善写诗作文。另一位是金潭人刘之纲，此人一生以教书为业，直到六十岁才考中秀才。魏源跟这两位老师不仅熟读了《三字经》《百家姓》等蒙学之书，还开始读四书五经等儒家经典。魏源对老师非常敬重，每次外出归家必登门拜谒，并题联酬谢。

魏源也许天生就是读书的种子，他自入家塾后，读书异常勤奋，非一般孩童可比。他由于沉醉书本很少外出，以至于自家的狗都不认识他，偶尔外出，竟会引起家犬群吠。他每晚读书都到天亮，这使得母亲担心，怕他过于用功，损害身体，每到夜深，就命他熄灯睡觉。可他待母亲熟睡后，竟偷偷地把灯笼藏在被窝里看书。时间一长，被母亲发现，便苦苦劝他说，小孩子长夜攻读，会伤身体，说着说着，几乎泣不成声。魏源嗜书如命、刻苦勤奋的劲头真是世所罕见。

魏源生在科举的时代，读书的目的就是参加科举，入仕做官。嘉庆七年（1802），年仅九岁的魏源开始应童子试。知县在唱名时指着茶碗中画的一幅太极图即兴说道："杯中含太极。"魏源此时怀中正揣着两个麦饼，随即应声答道："腹中孕乾坤。"满座皆惊。此联对仗工整，蕴意深刻，且流露出魏源的远大抱负。

嘉庆十二年，十四岁的魏源离开家乡，到位于邵阳县城的爱莲书院读书。爱莲书院在城内爱莲池左边，旧为希濂堂，宋代著名文学家、理学家周敦颐曾在此种莲。爱莲书院内有莲池、君子亭、光风霁月堂、君子祠等古迹。古朴幽雅的环境和浓厚的学术氛围给魏源留下深刻的印象，他在研读四书五经的同时，还结识了不少才华出众的朋友。

按照清代的科举制度，读书人在没有获得功名前，不管年龄大小，都统称为童生。童生只有通过童试才能成为州、县、府学堂的生员，正式迈入科举的门槛。童试分县试、府试、院试三级考试，童生只有全部通过，才能获得"生员"资格，之后，才能参加乡试和会试，考取举人和进士。嘉庆十三年，魏源接连参加这三级考试，均表现优异。主持县试的邵阳知县宋大荣，在审阅所有试卷后，非常欣赏魏源与石昌化的文章，拔至前茅，赞为双璧。石昌化，字伯鲲，邵阳岳平峰人，比魏源年长一岁，是魏源在爱莲书院的同窗，两人文名不相上下，但他认为魏源才学高过自己，于是回家后更加拼命读书，甚至于秉烛夜读，彻宵达旦，不幸染上了风寒，一株读书的幼苗过早地枯萎了。

二月县试通过后，四月又进入府试。这次主持考试的是宝庆知府翟声焕，考试的结果是，魏源、石昌化、何上咸与新化的邹汉勋等列为前五名，其中邵阳就有三人，被誉为三神童。特别是魏源和邹汉勋最受知府欣赏，因魏、邹二人均博闻强记，有志于学，当地读书人中间甚至流传"记不清，问汉勋；记不全，问魏源"之语。还有一种说法是"记不清，问默深；

记不全，问魏源"，而默深正是魏源的字，指的也是魏源，可见魏源在当时的盛名。

最后一关的院试，由本省学政主持。当时湖南学政是李宗瀚，此人博学多才，爱惜人才，在任期间，经常考察各地师资优劣、生员勤懒，对邵阳三神童也有所耳闻。可院试结束后，他只发现魏源和何上咸的试卷，未见另一神童石昌化之卷。一打听才知道，石昌化因过于用功，得了风寒，虽勉强支撑考过府试，但从此得了痨病，稍一用功就吐血，其父为了保住他的小命，不准许他再参加院试，一位神童就此退出科场。

魏源通过院试，成为县学生员。由于学习勤奋，三年县学结束时，他又在岁、科两试中取得优异成绩，十七岁成为廪生，得以"食饩"，享受政府发的津贴。嘉庆十五年（1810），魏源回到家乡，一面设馆授徒，一面开始著述，先后写成了《孔子年表》《孟子年表》等著作。

嘉庆十七年，魏源再次离开家乡，来到长沙，就读于岳麓书院，准备参加第二年的拔贡考试。按清朝乾隆年间科举制度的规定，每十二年有一次拔贡，每府学二名，州县学各一名，由各省学政从生员中考选，保送入京，作为拔贡生。拔贡生经过考试合格，还可以充任京官、知县或教职。因此，拔贡考试其实也是科举考试的组成部分。嘉庆十八年的湖南拔贡考试，由湖南学政汤金钊与湖南巡抚广厚共同主持，选拔了八十九名，魏源榜上有名。

岳麓书院是中国著名的书院之一，自宋代以来几乎成为湖湘文化的渊薮。当时书院的山长是袁名曜，湖南宁乡人，嘉庆六年进士，曾任翰林院编修，参与修纂《清高宗实录》，兼国史馆编修，后升任侍讲、侍读，丁母忧回乡，主讲岳麓书院。他足迹遍天下，尤其留心于舆图厄塞、河渠险隘、古今沿革，以讲求"经世致用"而著称。

魏源在岳麓书院学习的时间虽然只有短暂的十个月，但对他的思想影响甚大。这主要体现在：一、通过在此学习，魏源不仅拔贡中选，获得了进京继续学习的机会，还结识了李克钿、何庆元、陈起诗等学术同道，他们都被公认为楚南人杰，魏源与他们保持着终生的友谊。二、在书院学习期间，魏源除进一步研读理学著作外，还直接接受了湖湘文化的熏陶。湖湘文化有三大特征：一是推崇理学，二是强调经世致用，三是主张躬行实践。岳麓书院是湖湘文化重要的发源和传承之地，魏源正是在此萌发了经世致用的思想，并力求付诸实践。三、魏源在岳麓读书期间，还经常漫步爱晚亭，游览岳麓山各处名胜，并留下许多抒发豪情或感叹生命的诗作和对联，使其"少小好远游"的个性和"从此芒鞋踏九州"的宏愿得以初步展现，这对他性情和人格的形成都有深远的影响。

三、那识君臣际会难

嘉庆十九年（1814）春，二十一岁的魏源同到江苏复职的父亲一道启程，踏上了入京求学的征途。父子二人乘船经湘江，入洞庭，登岳阳楼、黄鹤楼，在武昌江边分手后，魏源便与同乡好友邓显鹤同行入京。

魏源在入京途中，曾发出"足不九州苉，宁免井蛙愚"的感慨，他入京的目的就是读书交友，增长学识，开阔眼界，为日后干出一番事业打下坚实的学问和人脉基础。入京之初，他首先拜访了湖南京官陶澍、周系英等，接下来拜访自己的拔贡座师、詹事府詹事和内阁学士汤金钊，前湖南学政、时任左副都御史的李宗瀚。

这里需要特别提到周系英对魏源的提携。周系英，字孟才，号石芳，湖南湘潭人，乾隆五十五年（1790）进士，选庶吉士，授编修，历官翰林院侍读、侍讲学士，光禄寺卿，内阁学士，吏、户、兵、工四部侍郎兼署礼部右侍郎，南书房、上书房行走等，他既是"天子近臣"，也是当时湖南在京城的最高官员。他还多次担任顺天、福建、江南等地乡试考官或副考官，以及四川、江西、江苏等省的学政，门生遍天下，无论在政界和学界都有极大的影响力。周系英对魏源的诗极为欣赏，并在京城大力宣扬。据魏源的儿子魏耆说："周石芳侍郎系英，偶见府君诗篇敦雅，四出揄扬，数日名满京师，中朝公卿争纳交焉。"这对一个刚入京的青年学子是多大的鼓舞和激励啊！

魏源对周系英的知遇之恩感激不已。道光四年（1824）周系英病逝，魏源在为他写的《神道碑铭》中，称颂他"文学在士林，典刑在乡邦，政绩在海内"。并与他的两个儿子周诒械、周诒朴保持着终生的友谊。魏源晚年写成《净土四经》草稿，但已无力付印，便托老友周诒朴刊布。周诒朴不负所托，屡刻屡改，两易寒暑，终于在魏源去世的第二年（1858）将此书刊行。魏源与周家两代人的交谊之深由此可见。

通过陶澍、周系英、汤金钊、李宗瀚等京城大员的引荐，魏源在京城得以遍访名师，广求指导。他从胡墨庄问汉儒家法，向姚学塽问宋儒之学，跟刘逢禄学《公羊》，与董桂敷切磋古文辞。魏源非常珍惜在京城学习的机会，读书异常刻苦。友人罗汝怀在《古微堂诗集叙》中写道："及居京都，破屋昏灯，敝冠垢履，数月不易衣，数旬不剃发，以搜索古籍。"为了整理《大学》古本，他埋头钻研五十多日，未能去看望座师汤金钊。汤以为他生病了，便到他的住处看他。只见魏源蓬头垢面，衣衫不整，吓了一跳，不禁感慨道："吾子勤学罕觏，乃深造至此，然而为何不自珍爱!"汤一面赞许他的刻苦精神，一面又告诫他不要过于劳累，伤了身体。

在京期间，魏源在勤奋读书、广交朋友之余，也时常感到孤寂和伤感，毕竟他当时才二十出头，又是第一次出远门。他曾在《京师冬夕》一诗中写道：

> 壁立空瞻数仞墙，冬宵无酒更他乡。
>
> 生徒散去风闪烛，童仆睡酣雷殷床。
>
> 从古饥寒皆得力，吾生艰苦愧虚尝。
>
> 辞家王粲真何事，岁晚空令梦北堂。

诗的意思是说，在一个寒冬之夜，面壁静思，无朋无酒，又身处异乡，学生们都已散去，只有被风吹得闪烁的烛光陪伴着自己，仆人的酣睡更加深自己的无眠和寂寞。虽然自古以来成功者都耐得住饥寒，但我也担心自己今天的艰苦会不会得到回报。年终将尽，时常做梦回到了父母身边。

嘉庆二十一年（1816），入京近三年的魏源决定回乡。在南归途中，经山东首登泰山，在扬州拜访了在此讲学的董桂敷，在嘉定探望在此任职的父亲，父子二人一道赶回邵阳过春节。至此，魏源结束了第一次京城之行。

魏源这次入京，在国子监学习近三年，拜访了不少名师，结交了诸多朋友，学问大长，眼界大开，从一个乡下的穷书生跻身于京师名流之列。按照常理，凭魏源的聪明和勤奋，沿着科举之路走下去应该畅通无阻，取得举人、进士功名都应该不在话下，即便当不上封疆大吏，至少也弄个翰林院编修之类的京城闲官。可命运真是捉弄人，有神童之誉的魏源在此后的科举生涯中历经磨难，屡战屡败，直到五十二岁时才取得进士功名，一生也只做到州县级的小官。魏源的科举之路不仅是他本人的不幸，也是那一代大多数读书人的共同命运。

嘉庆二十四年，魏源为参加乡试，第二次来到北京。八月的顺天乡试，魏源没有被列入正榜，只列为备取的副贡，也就是说没有被录取为举人，不能直接参加会试。这是魏源参加科举考试以来的第一次受挫，他也许稍微尝到些科举的艰辛。当时乡试的情形，今天的人们已很难想象，有一首刻于嘉庆二十一年的《浙江乡闱诗》中写道：

> 闱房磨人不自由，英雄便向彀中求。
>
> 一名科举三分幸，九日场期万种愁。
>
> 负凳提篮浑似丐，过堂唱号直如囚。
>
> 袜穿帽破全身旧，襟解怀开遍体搜。
>
> 未遇难题先忐忑，频呼掌管敢迟留。
>
> 监军问姓亲标写，同号通名浪应酬。

科举考试是对考生精神和肉体的双重折磨，考生上考场就如同乞丐乞讨、囚徒过堂一般，尊严和人格丧尽。几次折磨下来，人的精神和身体都会垮掉，落第者的死活固然无人过问，考中者也说不定会上演"范进中举"的悲剧。

道光元年（1821），新皇帝登基开恩科，魏源又赴京参加了这年的顺天乡试，又中副贡生。原来，这科的同考官本来对魏源的答卷很欣赏，认为卓荦奇肆，向主考官推荐，后因卷中有"尺布之谣"四字，而抑置副榜。待填榜时，才知是湖南名士魏源。这"尺布之谣"是指《史记·淮南衡山列传》中的民谣"一尺布，尚可缝；一斗粟，尚可春。兄弟二人不能相容"，亦即讽刺皇帝迫害兄弟的一个事典。在新皇帝登基之时，这样的事典是极为犯忌的。饱学的魏源为何犯这等低级错误？也许是他命该如此！

两次乡试，均中副榜，这对魏源不能不是个打击，好在他还年轻，机会有的是。道光二年是三年一度的正科考试，魏源又准备应试。他的好友何绍基怕他再耽误成名的机会，就写一首小诗《柬魏默深》提醒他："蕙抱兰怀只自怜，美人遥在碧云边。东风不救红颜老，恐误青春又一年"。这年八月，魏源第三次参加顺天乡试，高中第二名，俗称"南元"。

这年顺天乡试的"四书"题是出自《论语·颜渊》的"居之无倦，行之以忠"，意思是说从政者在位不要疲倦懈怠，执行政令要忠贞不贰。这次考试，魏源的文章做得非常精彩，各位考官都给予极高的评价，本房总批更是褒奖有加。批语中特别提到，考官一看试卷就猜作者为名士，揭榜后才知道此生已文坛驰誉，两次考中副榜，早已学有所成，并预言此番高中，来春会试必能捷步中榜。

令人匪夷所思的是，作为文章高手的魏源为何在此后的会试中屡战屡败，为搏一进士功名折腾大半生？这其中的原因只能有两种解释：其一，科举考试的诡异和无常，有才者未必考中，平庸者也许能上榜，特别是大才、奇才更受排斥。像龚自珍、魏源这样的绝世奇才都蹉跎科场大半生，都历经六次会试才取得进士功名。其二，魏源在参加会试之前，早已驰誉文坛，其文章风格已尽人皆知，之所以屡试不中，不能不令人怀疑有人从中作梗，故意不取。据传说，魏源中举之后，陶澍曾向军机大臣穆彰阿推荐，穆也想交纳魏源，为己所用。可魏源对穆漫不为礼，穆深恨之，魏源因此坎坷终生。穆彰阿是满洲镶蓝旗人，嘉庆十年（1805）进士，道光元年为内务府总管，深受道光帝信任，任军机大臣二十余年。由于当权日久，门生故吏遍布京城内外，有"穆党"之称，直到道光帝死后才被革职。穆彰阿曾任道光十二年（1832）会试副考官、道光十五年会试正考官，魏源一生科场受挫，同穆彰阿怀恨在心、有意为难可能有直接关系。

下面具体看一下，魏源参加六次会试的"惨烈"经过。

道光三年二月，刚刚中"南元"的魏源第一次参加会试，结果落第，一同饮恨科场的还有第四次参加会试的龚自珍。两位好友真是同病相怜、惺惺相惜。

道光六年二月，魏源与好友龚自珍一道参加了北京的会试。适逢刘逢禄任分校，见邻房浙江、湖南二卷"经策奥博"，便认为此二人必是仁和龚自珍与邵阳魏源，于是极力推荐，但最终两人都没有被录取。于是，刘逢禄很伤感地作了《题浙江湖南二遗卷》，不仅极为赞赏两人的才学，而且还预言他们不久将高中。龚、魏二人因此在京城齐名。

道光八年，魏源捐资以内阁中书舍人候补，也就是说用钱买了个内阁中书舍人。按清朝科举之例，会试不第而成绩较好者，可由人引荐或捐资任内阁中书舍人。内阁中书舍人是内阁中最低层的办事员，只负责文字抄写工作，没有什么权力，好在能接触到内阁中珍藏的典籍和档案。魏源在此得以借观史馆秘阁官书及士大夫私家著述、故老传说，为后来撰写《圣武记》积累了大量素材。

道光九年二月，魏源与好友龚自珍、陈起诗等在京城参加礼部会试，龚、陈均获进士及第。魏源又不中，只得继续留在京城，一面以内阁中书舍人的身份值班，一面借阅史馆秘藏的官私著述。

道光十二年春，魏源进京准备参加第四次礼部会试。他这次住在岳麓书院同窗、上科进士、礼部主事陈起诗家中，后来两人还结为儿女亲家。可惜这次会试，魏源又未中。

看着自己昔日的同窗好友一个个高中，在朝中做官，满腹才华、心高气傲的魏源一定非常沮丧和郁闷！但在科举时代，一个读书人要想成就一番事业，除了在科场拼杀外，又有何途？

道光十五年春，四十二岁的魏源第五次入京参加会试，又一次名落孙山。三十余年的科场蹉跎，使魏源心灰意冷，甚至感到绝望。他在出京后作的《下第过旧阿县题壁》一诗中写道："杜默江东来痛哭，鲁戈不挽斜阳还。"这里借用两个典故来表达自己的心情。杜默，字师雄，宋朝人，曾师事著名学者、文学家石介。石介认为他的诗很豪放，曾作《三豪诗》将杜默与石曼卿、欧阳修并称。杜默作诗多不合格律，乃至后人便将言事不合格者称为"杜撰"，不仅如此，文学史上也抹去了他的名字。杜默为此痛哭，又能如何？后一句说的是，即便是战国时期曾挥戈使太阳返回的鲁阳公，到了今天也难以挽回斜阳的落山。这两句诗充分反映了魏源科举无望、回天无力的悲愤。

第五次会试的失败，使魏源决定绝意科场。他用自己从事票盐生意获得的巨资，在扬州买下一处别墅，取名曰絜园，准备在此奉亲养老、会友著述。可随后不久的时代剧变和生计困难使他不得不忍辱再赴科场。鸦片战争期间，魏源曾参与浙东战事，是战争的亲历者和见证人。战争给两淮盐业带来很大破坏，魏源经营的票盐收入大为减少，而且自己离开幕府以来，专心著述，自资刊印，耗费极大，使家中积蓄耗费殆尽，再加上家中人口增多，兄弟之中的一些人还要靠他资助。生计的困难，迫使魏源不得不接受朋友的劝告，以半百之身再次走向考场，以谋取一官半职，养家糊口。他在给好友邓显鹤的信中写道："自海警以来，江淮大扰，源之生计万分告匮。同人皆劝出山，夏间当入京师，或就彭泽一令，或作柳州司马。中年老女，重作新妇，世事逼人至此，奈何？"读罢真令人心酸。

道光二十四年（1844）春，五十一岁的魏源第六次赴京参加会试。房考官对魏源的文章极为赏识，批语为"劲扫千军，倒倾三峡"，本来已中礼部会试第十九名，却不料主考以"磨勘稿草模糊"，即试卷草稿字迹模糊，而被罚停止殿试一年。按清朝科举成例，会试考中后，再经皇帝主持的殿试，才能成为进士，其中一甲赐进士及第，只有三名，依次为状元、榜眼、探花；二甲若干名，赐进士出身；三甲赐同进士出身。魏源因试卷草稿字迹模糊而被罚停止殿试一年，也就是说他只能在次年的殿试后才能成为进士。这是对魏源极大的羞辱。魏源自小聪明异常，读书勤奋世所罕见，在当地有"神童"之誉。二十多岁时求学京城，其诗文广受赞誉，已跻身名士之列，此时更有《诗古微》《皇朝经世文编》《圣武记》《海国图志》等皇皇巨著刊行。想不到名闻朝野，著作等身，被陶澍、贺长龄、林则徐这些封疆大吏另眼相看的魏源竟然被会试捉弄到如此地步，连个进士的功名都获取不了。科举制埋没人才以至于此，魏源真是有切肤之痛。

　　既然已被迫走上科举之路，那就别无选择。道光二十五年春，五十二岁的魏源到京补行殿试，中第三甲，赐同进士出身，以知州用，分发江苏。

　　这次殿试后，魏源出城到海淀、西山一带游览，作诗吟词，难得轻松畅快一次。他在诗中写道："贾生年少前宣室，那识君臣际会难。"少年得志的贾谊怎能体会魏源几十年科场受挫、想做臣子为国尽忠而不得的悲凉和无奈！魏源中试后，友人纷纷赋诗祝贺。其中王柏心《赠魏默深同年》诗二首最有代表性，其一称："天生俊杰士，以解苍生忧"；其二云："魏子出南岳，本自济时人"。反映出时人对魏源的期盼和敬仰。

　　虽然考中进士，但年过半百的魏源在仕途上已难有大的作为。此后，他先后任江苏东台知县、兴化知县、高邮州知州，都只是州县级的小官。咸丰三年（1853）太平军进攻扬州、高邮，他竟因"玩视军务"被朝廷革职。经此打击，一生饱受科场折磨的魏源彻底看破了红尘，从此归隐杭州，研读佛经，由经世派的巨匠变成了佛门新徒，在"闭目澄心，危坐如山"的修行中走向天国。

第 2 章

尽交天下士

　　古往今来成就大事业者，多有读万卷书、行万里路的经历。魏源作为近代著名的思想家、学者、诗人，读书勤奋，过眼之书何止万卷？足迹遍神州，行程何止万里？除此之外，他还有一项常人所不及之处，那就是广交天下友。魏源交友数量之多、范围之广、层次之高、受益之大，在当时的中国几乎无人能比。他的老乡李柏荣仿照罗正钧为王船山写的《师友记》，也写了一本《魏源师友记》，共收录与魏源有交往的师友竟达二百三十三人之多。这显然不是魏源师友的全部，但已令人惊叹。交友、访友、会友成为魏源生活的重要组成部分，也是他终成大家的重要原因。

　　魏源一生广交朋友，这既是天性使然，也是他的自觉追求。早在青年时期，他就有广交天下友的强烈愿望。他从岳麓书院回乡后，就在自家厅堂柱子上题下这样的楹联："读古人书，求修身道；友天下士，谋救时方""尽交天下士，长读古人书"。他在《默觚·治篇》中也写道："人有恒言曰学问，未有学而不资于问者也。土非土不高，水非水不流，人非人不济，马非马不走。绝世之资，必不如专门之夙习也；独得之

017

见，必不如众议之参同也。""道固无尽臧，人固无尽益也。是以鹿鸣得食而相呼，伐木同声而求友。"可以说，魏源正是把交友作为成就学问的重要途径。因此，通过梳理魏源的交友，既可以探究他的学术渊源和路向，也可以了解他的坎坷人生和深刻思想。

一、受知最深，待之甚厚

在科举时代，一个参加科举考试的读书人除了有亲自给自己授课的业师外，还有一种虽不为自己授课却更决定自己命运的"座师"，也称"座主"。他们是科举考试中本科的主考官或总裁官。按照惯例，主考官与考生之间亦是师生关系，他们之间的提携和交往形成了一个庞大的人脉，对彼此的仕途和事业都有影响。魏源早年科场顺利，有两位座师对他入京后的发展影响较大。

嘉庆十三年（1808），魏源参加院试，由湖南学政李宗瀚主持。李宗瀚，字北溟，号春湖，江西临川人。他在任学政期间，极为看重魏源的才学，并为其发展提供了条件，使魏源能享受"食饩"的待遇。魏源的儿子在为其父写的传记中也说"李春湖侍郎宗瀚提学湖南时，府君受知最深"。嘉庆十九年，魏源第一次入京，时任左副都御史的李宗瀚非常高兴，又考虑到魏源在京期间需要生活补贴，便请他到家馆教书，待之甚厚。李宗瀚为了方便魏源外出借书还书，还将家中的一辆旧马车随魏源调用。魏源为了表示对主人的敬重，每次借书还书都亲自前往，以至于车马喧嚣于市，久而久之，竟成为附近居民眼中一景。后来，魏源与李宗瀚多有诗词互答，魏源的一诗云："别离五载怅天涯，五载重逢两鬓丝。不老朱颜因孺慕，即论素性亦吾师。"可见，魏源一直把李宗瀚作为恩师来敬仰。

汤金钊是魏源的另一位座师。嘉庆十八年汤金钊任湖南学政期间，将魏源选为拔贡，使魏源得以走出湖南，到京城国子监读书，开始接受京城的文化熏陶，结识众多名家和好友，学问和人生都发生了很大的改变。汤金钊，字敦甫，浙江萧山人，嘉庆四年进士，改庶吉士，授编修，官至尚书。他为人宽厚，朴素无华，治学不立门户，不争异同，因而深得京城各官的敬重。魏源第一次入京时，汤金钊时任詹事府詹事和内阁学士，对魏源多有引荐和关照。魏源在京求学期间，不立门户，不究派别，虚心向各派名家学习，也许就是受汤金钊治学的启发。道光八年（1828）冬，汤金钊奉命经历西北，魏源得以随行，经河南、陕西，进入四川，一路写下不少诗文，歌咏太行、虎牢、潼关、华岳等名胜。

李、汤两位座师不仅在湖南众多学子中发现了魏源，将其录为生员和拔贡生，而且在魏源第一次入京求学期间，给以引荐和照顾，使第一次出远门的魏源能在京城安心读书，广交朋友，很快融入京城文化圈，这对魏源以后事业的发展有着重要的影响。可惜的是，魏源此后参加的乡试和会试多以失败而告终，再也没遇到像李宗瀚、汤金钊这样的座师，无法在官场上形成关系网，只能靠自己的能力在科场和官场上打拼。

二、心中固终身仰止矣

魏源本人并无家学渊源，他后来能走上学术之路是受到多位名家的指导和影响，其中最主要的是经学家刘逢禄、通儒李兆洛、理学家姚学塽、汉学家胡承珙、古文家董桂敷等。

刘逢禄（1776～1829），字申受，江苏武进人。是清代今文经学开创者庄存与的外孙。自幼即由其母亲授西汉贾谊、董仲舒的文章，熟读《春秋繁露》《春秋公羊何氏解诂》，发愤治公羊学。嘉庆十九年（1814）中进士，选庶吉士，后改礼部主事，在礼部任职十余年。刘逢禄创造性地发挥了董仲舒、何休的观点，将《春秋公羊何氏解诂》的注文作了深入的研究和系统的整理，对公羊学大加阐发，为公羊学的研究作出了重大贡献。在梁启超看来，刘逢禄发扬了庄存与开创的学术，大张其军，从而使常州学派成为一代学术转折之枢纽。刘逢禄对清代学术的贡献主要有两点：一是使公羊学说争得了与古文经学相抗衡的学术地位；二是壮大了公羊学的队伍，培养出了魏源、龚自珍两位今文经学的健将。嘉庆十九年，魏源入京后，就跟着刘逢禄学公羊学，从而确立了自己的学术方向。五年之后，龚自珍也拜刘逢禄为师，学习公羊学。道光六年（1826），龚、魏二人同时参加会试，作为同考官的刘逢禄曾极力推荐，未能奏效。刘逢禄痛惜人才被埋没，写下《题浙江湖南二遗卷》，称赞龚、魏二人的学识。

魏源的学术路向与刘逢禄有极为密切的关系。魏源第一本经学著作《诗古微》，由刘逢禄作序。刘在序言中称赞"其志大，其思精，其用力勤"，并以"同志"相称。刘逢禄去世后，魏源负责整理其遗书，赞扬刘是"潜心大业之士"，比那些终日从事考证的朴学家高明，能"由董生《春秋》以窥六艺条贯，由六艺以求圣人统纪，旁搜远绍，温故知新，任重道远，死而后已"。为了阐发西汉今文经学的"微言大义"，魏源撰有《公羊春秋古微》《董子春秋古微》《两汉经师今古文家法考》等著作，进一步发展和完善了刘逢禄所阐发的公羊学历史变易的思想体系，并用于观察和解决现实问题，把公羊学说与呼吁现实社会的变革密切结合起来，从今文经学的"微言大义"转向关注现实的"经世致用"，他本人也由研究经学的经师转变为经世派的代表人物。魏源的学术思想与刘逢禄一脉相承，甚至"重规叠矩"，有很多共同之处。因此，刘逢禄是对魏源学术影响最大的学者。

李兆洛（1769~1841），字申耆，江苏阳湖（今江苏武进）人。嘉庆十年（1805）进士，选庶吉士，充武英殿协修，改安徽凤台知县，后主讲江阴暨阳书院近二十年。李兆洛是嘉道时期著名学者，治学无不通，尤长于舆地学，编纂和撰写的著作有《骈体文钞》《皇朝文典》《历代舆地沿革图》《历代地理韵编》《养一斋文集》等。魏源在《武进李申耆先生传》中，将李兆洛与庄存与并称为"通儒"，称赞李兆洛"学无不窥，而不以一艺自名，醇然粹然，莫测其涯也"。甚至称他"近代通儒，一人而已"。

李兆洛对嘉道时期的学术界有着重要的影响，表现在：一，论学无汉、宋，主张消除门户之见，也不墨守成规。二，主张经世致用，讲求河漕、盐政、钱法、兵制、方志等经世之务。三，刊刻庄存与、刘逢禄等今文经学家的著述，扩大今文经学的影响。魏源由今文经学转向更为关注现实的经世之学，与李兆洛及他影响下所形成的嘉道学风不无关系。

道光四年（1824），魏源请李兆洛为自己撰写的《诗古微》作序，李在序中称赞魏源此书"钊割数千年来相传之篇第，掊击数千年来株守之序笺。比絫别胅，左右交会，非有独是之见，不克臻此"。道光十四年初夏，魏源到江阴拜访李兆洛，两人促膝畅谈，李兆洛称魏源为绝世奇才，他在给魏源好友邓守之的信中说："默深初夏过此，得畅谈，又得读《定庵文集》。两君皆绝世奇才，求之于古，亦不易得，恨不能相朝夕也。"

李兆洛作为舆地学名家，对当时来自海上的威胁已有警觉，并编著《海国纪闻》，这对魏源也深有启发。魏源编辑的《皇朝经世文编》就设有"海防"一门，在《海国图志》又多处征引《海国纪闻》。此外，魏源对边疆历史地理的兴趣和研究也受到李兆洛的影响。

姚学塽（1766～1826），字晋堂，又字镜塘，浙江归安人。嘉庆元年（1796）进士，历官内阁中书、兵部主事、郎中。魏源曾介绍其学"由狷入中行，以敬存诚，从严毅清苦中发为光风霁月。暗然不求人知，未尝向人讲学，仁熟义精。晚年德望日益隆，自公卿远近无不敬之"。姚学塽崇尚程朱理学，强调内省，严于律己。居京三十年，连房产都没有，暂居僧寺之中，纸窗布幕，破屋风号，霜华盈席，危坐不动。闲暇之时，到临近寺院寻花看竹，相识的僧人感叹道，即便是教中的持戒苦行僧也不过如此。在京做官数十年，粗衣淡饭，生活俭朴，却未尝受人一物。外官入京送的各种馈赠，一无所受。不得已接受者，则于次日捐于会馆。

魏源从初次入京就开始跟随姚学塽学习理学，他曾将自己所注的《大学古本》呈请指正。姚学塽指出："古本出自《石经》，天造地设，惟后儒不得其脉络，引发争论。你能见及此，幸甚。惟在致力于知本，勿事空言而已。"魏源听罢，憬然有悟，请求执弟子礼，拜姚为师，姚固辞不允，但魏源"心中固终身仰止矣"。从魏源写的《归安姚先生传》来看，他对姚学塽的为人和节操极为钦佩，姚学塽对他的影响主要也在这一方面。

胡承珙（1776～1832），字景孟，号墨庄，安徽泾县人。嘉庆十年（1805）进士，曾任翰林院编修、监察御史、给事中。胡承珙治学不偏一家，无门户之见，唯求其是。他对经学很有研究，解经多心得，不苟同于前人，著有《毛诗后笺》《求是堂文集》等。魏源入京后从胡承珙问汉学家法，从早年的崇尚程朱理学转而步入汉学殿堂，并且开始研究汉代《诗》学，产生了通过搜集齐、鲁、韩三家遗说以发挥三家《诗》微言大义，即后来撰写《诗古微》的动机。魏源的《诗古微》二卷本撰成后，胡承珙曾寄信索取，并认真阅读全书，纠正其中的错误，提出自己的不同见解。魏源此后一再增删此书，很大程度上是接受并吸纳了胡承珙的意见。胡承珙虽不同意魏源的某些观点，但高度评价此书："发难释滞，迥出意表，所评四家异同，亦多持平，不愧通人之论。"魏源在治今文经学和史学方面显示出的考证功夫以及对《诗经》的深入研究，与胡承珙的指导和鼓励是分不开的。

董桂敷，字宗邵，号小槎，安徽婺源人。嘉庆十年进士，任翰林院编修，后主讲豫章书院，著有《十三经管见》《诸史蠡测》《自知室文集》等。董桂敷为学恪守程朱理学，躬行实践。主讲豫章书院时，确立了"读书穷理，贵在反躬"的办学宗旨。魏源入京后，曾拜董桂敷为师，学习古文。魏源对董桂敷的诗极为欣赏，曾评价道："董先生经明行修，一代大儒，不以诗名。然即其诗，亦出入陈伯玉、韩昌黎间。"魏源对董桂敷极为尊重，在《寄董小槎编修》诗中说："寤寐尚滋严惮益，关河千里亦吾师。"

魏源的好友陈沆曾以"夙昔同咨诹"的诗句来形容魏、董交往之密。董桂敷曾为魏源批阅过诗文，并写信劝魏源不要将其中的程端礼《读书分年日程》和刘宗周《人谱》两种改编本刊行，认为此二书行世已久，后儒不敢有所增损，若改动印行，会遭人诟病。魏源后来接受了董桂敷的忠告，没有刊印这两种书。由此可见两人之间的关系和信任。李柏荣在《魏源师友记》中又说，魏源为今文经学巨匠，与宋学异趋，独诗集每多玄句，近于"游仙"，其本源似乎可以追溯到董桂敷。

三、古来贤豪士，常愿生同时

魏源的师友，无类不备，除上述科场座师和学术导师外，与魏源志趣相投、思想相近的学友、诗友、挚友则更多。以下仅列举若干最重要者以见魏源交友的盛况。

前面提到，嘉庆十九年魏源第一次进京时与同乡邓显鹤同行，此人即是魏源结交的重要朋友之一。邓显鹤（1777～1851），字湘皋，湖南新化人，比魏源大十七岁。他是道光年间第一次刊刻《船山遗书》的主编，还主编过《沅湘耆旧集》二百卷，为整理和弘扬湖湘文化作出过重大贡献。曾国藩称赞他说："其于湖南文献，搜讨尤勤，如饥渴之于饮食，如有大谴随其后，驱迫而为之者。"梁启超后来也说："邓湘皋之极力提倡沅湘学派，其直接影响于其乡后辈者何若？间接影响于全国者何若？斯岂非明效大验耶！"

魏源能与这样重量级的人物同行，真是他的幸运。一路上两人纵情长谈，诗歌唱和，关系由疏转亲，从此结下了终生的友谊。魏源就是通过邓显鹤赠送的《船山遗书》和《沅湘耆旧集》而受到湖湘文化的深刻熏陶。道光二十三年，邓显鹤在《沅湘耆旧集》刊行之前，曾向魏源征求意见。魏源回信说，全书网罗百代，包括全楚，体大思精，不朽盛业，无以复加。但又认为"沅湘"未包括资江，不如"三湘"更妥。邓因已辑有《资江耆旧集》，没有采纳魏源的意见，但据此也能看出两人友谊的真挚与坦诚。道光二十五年，魏源将自己编著的《圣武记》《海国图志》赠予邓显鹤求教。邓为魏源未能入史馆表示遗憾，魏源则复信说，今日史官，整日以蝇头小楷、俳体八韵为报国之能事，我要是厕身其间，何以为情？不如当一州县官，为老百姓干点实事。公事之余，打算将自己以前的残稿整理刊行。并感叹道："旧友零落，吾两人相望如晨星，又相隔千里，不知此生尚有合并之日否？"二人交情之深由此可见。

陈沆是魏源入京之初结交的另一位密友。陈沆（1785～1825），字太初，号秋舫，湖北蕲水人。嘉庆二十四年状元，翰林院修撰，充考官，转四川道监察御史，去世时年仅四十一岁。

魏源与陈沆初识时，陈沆已在京城颇有名气。有人劝他不要和魏源这样没有功名、职位，又"鳞甲难近"的人交往，陈沆毫不在意，反而与魏源交往益频。魏源也欣赏陈沆的为人，两人友情日益笃深。相识不久，陈沆就赋诗表达相见恨晚、一见倾心的感受：

> 十年客南国，不闻魏君名。一朝长安道，倾盖如平生。昨日相逢今日别，执手苍茫不能说。我初见君黄花秋，是何年少意气道。长揖众中与我语，乾坤朗朗吞复吐。当时听之间然疑，君去累我三日思。尤工古风近罕偶，立心耻落风骚后。

入京三年的魏源要还乡了，陈沆又作诗赠别：

> 出门求师友，入门恋庭闱。古人学如此，君乃今庶几。
> 三年长安住，艰苦厚自持。在纷气不乱，独行貌如凝。
> 甚愧君意厚，缤纷摘吾疵。愿同岁寒节，奈何舍我归？
> 门闾此时望，雨雪安可违？羡君南行乐，自感游子衣。

此去过长沙，我父官于斯，登堂见我母，具道儿今肥。

古来贤豪士，常愿生同时。同生不同气，偶合终成离。

送君旋闭户，积此悠悠思。

魏源与陈沆的友谊可谓金石之交，二人之间有诗作必互相质难，直达精益求精而后已。对陈沆的《简学斋诗存》，魏源竟先后阅读八次，每次都有评语。陈沆去世后，魏源为纪念亡友，还将自己整理的诗作《诗比兴笺》送给陈沆的儿子陈廷经，使之托名"陈沆"刊行，给亡友增加一项名山事业，可见二人感情之深。

汤鹏也是与魏源意气相投、思想相通的好友。汤鹏（1801~1844），字玉溟，号海秋，湖南益阳人。道光三年进士，官礼部主事、御史、户部郎中。由于他敢于言事，长于诗文，被人称为"凌轹百世之才"。他所著《浮邱子》，论述军国利病，并发泄自己对当时政治的不满，魏源读后认为此书可以传世。由于汤鹏性格倔强，不愿阿谀权贵，长期不受重用，后又因弹劾满族官员而被免职，去世时年仅四十四岁。

道光二年至五年间，魏源与汤鹏等好友经常在一起研究时务，探讨诗文。两人的思想极为接近，有更多的共同语言，面对国势衰败，怀才不遇，同感苦闷和无奈。道光二十四年，魏源赴京参加会试，与汤鹏等在北京慈仁寺顾炎武祠公祭。魏源还与汤鹏一道为会试落第的姚燮饯行，席间，两人对姚燮大加安慰和鼓励，令姚燮十分感动。姚燮回乡后，息影丘园，一心治学，其文学成就足以媲美龚、魏，著有《复庄诗问》等著作，被誉为"浙东一巨手"。

魏源在回江南之前，与汤鹏闭户长谈，都对时局表示担忧和不满。汤鹏当时因弹劾权贵而被罢黜，不得言事，但仍上书转奏夷务善后事数十条。其《新秋夜坐四首赠默深》有"与子闭户坐，默默观大运"佳句，反映了此时二人自身难保、无可奈何的心情。

魏源以诗知名，与当时诸多诗人有很深的交往，其中最有名者当推龚自珍、张维屏、林昌彝。龚、魏交谊非常人可比，留待后文专叙，此处先论张、林二人。

张维屏（1780～1859），字南山，广东番禺人。道光二年进士，善诗文，工书法，亦通医学，历任湖北黄梅知县、江西南康知府。道光初年，他在京与林则徐、黄爵滋、魏源等相交游，道光十六年退隐，在家乡筑听松园，闭门读书，不问世事。道光十九年林则徐到广州禁烟时，曾拜访咨询过他。鸦片战争期间，他目睹了英军的暴行和广州三元里民众自发的抗英斗争，以满腔爱国热情写下了著名的长诗《三元里》，歌颂三元里民众不畏强暴的反抗精神。在另一首《三将军歌》中，又讴歌了英勇抗敌、为国捐躯的陈连陞、葛云飞、陈化成三位民族英雄。

魏源一直把张维屏视为知己。道光二十七年，魏源游岭南，到番禺专访张维屏，两人畅谈数日，依依惜别。道光三十年，魏源将新改定的《海国图志》相赠，并赋诗一首。张维屏有诗回赠，诗中盛赞《海国图志》缩九州、披四海的气势，也为魏源的谋略不被采用而惋惜。

林昌彝（1803～1876），字蕙常，号芗溪，福建侯官人，林则徐的族弟。道光十九年举人，八上京城会试不第。此人少怀大志，才华横溢，著有《射鹰楼诗话》，搜录大量有关鸦片战争的诗词及本事，具有诗史价值，其卷二对魏源的评价是："默深经术湛深，读书渊博，精于国朝掌故。海内利病，了如指掌。著有《书古微》《春秋公羊古微》，专阐西汉今文之学，博而能精。《圣武记》及《海国图志》尤为有用之书，诚经国之大业，不朽之盛事也。"

魏源与林昌彝堪称挚友，交往甚密。林昌彝曾言："默深尚友谊，重气节，醲粹渊懿，古道照人，与余为挚友，沥胆披肝，今之鲍叔也。余入京参加会试，每次路过扬州相访，必留居数日，厚赠旅费。"而且二人志向相投，林昌彝又云："余前有上某大府平夷十六策，默深见之决为可行。默深负命世才，书生孤愤，与余有同志焉。"

道光二十四年，林昌彝在京参加会试期间病重，魏源与好友何绍基等凑钱为其医治。咸丰元年（1851），林昌彝第六次进京赶考，路过高邮，住在魏源官署，两人同赋《江南吟》。魏源的《江南吟》共十首，集中反映了江南人民的苦难及吏治腐败，是他晚年的代表诗作。林昌彝亦有《江南吟》七首，其诗题、内容与魏源的《江南吟》相同，林自注作于魏源官署，可见当时是两人共吟，后分别收入自己的诗集。

魏源作为经世名家，与当时提倡经世之学的才俊多有交往，这其中对魏源影响最大的首推包世臣。包世臣（1775~1855），字慎伯，安徽泾县人。嘉庆十三年举人，大挑一等，以知县分发江西，任新余知县，因劾去官。包世臣少攻词章，继而喜兵家言，善经济之学。由于长期在江南做幕僚，他对农政、刑律、军事、漕运、水利、盐法、货币、财经等社会问题很有研究，提出不少切合实际的解决方案，东南大吏每遇兵、荒、漕、盐诸巨政，无不屈节咨询，他也总是慷慨论之，其策有采用有不用，而其言皆足以流传后世。

魏源大约在道光五年（1825）初入贺长龄幕府之时与包世臣相识。当时贺长龄与陶澍准备对弊端丛生的漕运进行改革，而包世臣对此问题很有研究，早在嘉庆八年（1803）就写成了《海运南漕议》，提出利用上海一带的民间商船海运江浙地区漕粮的建议。因此，贺长龄多次派魏源前去咨询求教，二人从此建立了深厚的友谊。

包世臣比魏源大二十岁，又长期在江南游历，对江浙地区的社会问题有深入的考察和研究，尤其在漕运、盐政、河工方面都提出自己的一套改革方案。魏源在贺长龄、陶澍幕府期间，与包世臣长期共事，共同协助进行了江浙漕粮的海运、江南水利的治理、淮北盐法的改革。陈其泰、刘兰肖在《魏源评传》一书中认为，魏源接触漕运问题的时间晚于包氏，他之所以能在短短一年时间里就谙熟漕运，一是得益于他在编辑《皇朝经世文编》过程中阅读了大量相关的文章，另一方面也是虚心求教于包世臣的结果。包、魏二人都参与了道光六年漕粮海运的实施，其承担的角色略有不同，包世臣是漕粮海运改革的专家和幕后策划人，魏源则更像贺长龄、陶澍的秘书，负责具体操作和公文起草。有人认为，魏源对海运漕粮改革的理论总结和事后宣传颇有贡献，而包世臣在道光元年海运改革中所起的实际作用，则远超魏源。不论两人功劳孰大孰小，这至少说明两人在此次改革中是并肩合作的。

包世臣不仅在经世问题上给魏源以指导，而且二人在学术上也经常相互切磋。道光二十二年（1842），魏源将完成的《圣武记》寄给包世臣审定。包世臣一方面称赞道："足下竭数年心力，提挈纲领，缕分瓦合，校原书才及百一，而二百年事迹略备。其风行艺苑，流传后世，殆可必也。"另一方面又对编纂体例和某些史事发表自己的不同意见。包世臣在"目力劣甚，心思忙乱"的情况下，还能作出如此认真的审阅，并毫不掩饰地提出自己的意见，由此足见二人相知信任之深。反过来，魏源对包世臣的著作也不客气。包世臣的《安吴四种》成书后，嘱咐魏源为之订定，魏源将其中认为不妥者摘要签出，包世臣则有改有不改者，魏源又致信加以纠正。这才是真正的挚友和君子之交。

比魏源年长十岁的姚莹与魏源一同经历过鸦片战争，战后又一同成为开眼看世界的先驱，共同的经历和思想使二人成为挚友。姚莹（1785~1853），字石甫，一字明叔，号展和，安徽桐城人，是著名桐城古文家姚鼐的后人。嘉庆十三年进士，道光十七年任台湾兵备道，鸦片战争中遭诬陷下狱，免罪后发往四川，后因病辞归。

姚莹虽出身于桐城古文世家，却不以文章相标榜，而是致力于国家时务、典章制度、物产风俗、民生疾苦，以及海疆兵防。他在任职江苏期间，时任江苏巡抚的林则徐对他很器重，贺长龄、魏源在编辑《皇朝经世文编》时还收录了他的六篇文章，由此可见他在经世思想方面的成就。鸦片战争期间，他在台湾兵备道任上与总兵达洪阿共同防御英国的侵略，后竟被英军首领璞鼎查诬陷为"妄杀其遭风难民"而入狱，一时引起朝野震动。最后清廷在舆论的压力下，不得不将他释放。

姚莹与魏源相识于道光元年。姚莹曾有文章记述说，道光元年，余至京师，与魏默深、张亨甫、龚定庵、汤海秋相交。此四人皆慷慨激励，其志业才气，欲凌轹一时。并称赞魏源"悉心时务，其所论著，史才也"。道光二十四年，姚莹被发放到四川以同知知州补用。魏源当时正在京城应试，为看望这位多年不见的好友，他匆匆离京，在汉阳与姚莹相会，并将自己随身携带的一部《海国图志》相赠。

姚莹到四川后，对《海国图志》更是时常研读，并在自己的《康輶纪行》中多次记叙。他曾有搜集外域书籍、编辑一部"异域丛书"的想法，后来看到魏源的《海国图志》而作罢。他在极其艰难的环境下，撰写成《康輶纪行》一书，对西藏的关隘险要、道路远近都详加考订，并附有《艾儒略万国图》《汤若望地球图》等十五幅地图。他喋血饮恨而写此书的目的，就是使中国的男女老幼都能了解外国情况，知道它们的虚实，然后徐筹制夷之策，最终能雪中国之耻，重边海之防，避免中华大地沦为鬼蜮。其目的正如魏源《海国图志》所揭橥的"师夷长技以制夷"如出一辙。这也是那一代开眼看世界先驱们的共同心愿。

四、以文章经济相莫逆

魏源中年时期大部分时间是在幕府中度过的。值得庆幸的是，魏源所依附的幕主多半是嘉道年间提倡经世致用的实干家，对魏源也极为器重，两者并非简单的上下级关系，而是莫逆之交。

贺长龄是魏源的第一位幕主，对魏源的事业和思想都有很大的影响。贺长龄（1785~1848），字耦耕，湖南善化人。嘉庆十三年进士，改庶吉士，散馆授编修，此后做京官多年，道光元年（1821）外放江西南昌知府，此后历任山东、广西按察使，道光五年由江苏按察使升任江苏布政使，后官至云贵总督。

道光五年，三十二岁的魏源到了南京，成为江苏布政使贺长龄的幕僚，此时的两江总督是琦善，江苏巡抚是陶澍。由于魏源的父亲魏邦鲁在江苏任官多年，为魏源积累了一些人脉资源，又加上贺、陶都是湖南人，对魏源自然会另眼相看。贺长龄在岳麓书院求学时，就已奠定了经世致用的思想基础，现在升任要职，便想大力提倡经世之学。他聘请魏源入幕，一是要协助自己筹划漕粮海运的事宜，二是要委托魏源仿照《明经世文编》和乾隆年间的《切问斋文钞》体例，编辑一部本朝人有关经世的文选，为解决现实问题提供参考，并扭转当时学术界醉心考据、不问时事的学风。

魏源用一年多的时间，编成了这部皇皇巨著。全书共选清初至道光五年间有关经世的文章共 2236 篇，分为 8 门类、65 个子目，文章作者 702 人。这部书集清代前期经世文章之大成，是嘉道年间经世思潮兴起的标志。魏源在这部书中还选录了自己的文章 17 篇，其中有 10 篇是他在道光五六年间新撰的，多是代贺长龄及其他人所作的有关海运的文章。从这些文章可以看出，通过编辑《皇朝经世文编》和协助贺长龄筹划海运事宜，魏源的思想也在发生变化，从早期的理学、汉学而进入关心国家命运的经世致用的实学。这部书给魏源带来很高的声誉，也是他思想的转折点，而这一切都与贺长龄的组织策划和全力支持分不开。由此可见贺长龄对魏源思想的影响之大。

道光七年（1827）贺长龄调任山东布政使，魏源随即进入江苏巡抚陶澍的幕府。陶澍（1778~1839），字子霖，号云汀，湖南安化人，曾就学于岳麓书院。嘉庆七年（1802）进士，授编修，历任陕西道监察御史、四川川东道、山西按察使、安徽布政使、安徽巡抚、江苏巡抚、两江总督。陶澍是嘉道年间政坛的领袖人物，身边聚集了一大批经世派人物，更以善于发现和培养人才而著称。

陶澍与魏源堪称世交。两人不仅都是湖南人，而且家乡相邻，陶澍早年求学时，还曾得到魏源祖父的资助。魏源自嘉庆十九年第一次入京求学之时就与陶澍相识，道光七年进入陶澍幕府，直到道光十九年陶澍去世，两人的交往达二十余年。魏源在为陶澍写的《神道碑铭》中自述，自弱冠识公京师，中岁栖迟江左，受知至恳以笃，曾以身后事相托。魏源的儿子也说，其父与陶澍"以文章经济相莫逆"。

陶澍作为嘉道年间经世派的领军人物，其对魏源的影响不仅体现在思想方面，还为魏源施展才能提供了一个平台，使魏源从一个坐而论道的谋士转变为一个直接参加政务的实干家、改革家。道光五年陶澍调任江苏巡抚后，在贺长龄、包世臣、魏源的协助和筹划下，开始实行漕粮海运。魏源在这次改革中，主要承担文件起草、解释、宣传及总结工作，他代陶澍所作的《海运全案序》《海运全书跋》《复蒋中堂论南漕书》等，针对人们对永行海运的种种责难逐一进行驳斥，并对海运与漕运的利弊进行客观的比较，提出"舍海运别无事半功倍之术，为救弊补偏则不足，为一劳永逸则有余"。道光十年（1830）陶澍任两江总督，兼理两淮盐政，魏源又协助其进行盐政改革，取得明显成效，魏源自己也获利不少。魏源还协助陶澍治河，对江南水利的治理提出不少建议。

陶澍对魏源极为器重，凡有漕、河、盐、兵等大政更张，都延请魏源商议而后定。两人的配合非常默契，魏源为陶澍的改革出谋划策，陶澍为魏源施展才华提供现实的平台。幕主与幕僚之间关系如此密切、融洽实属罕见。道光十九年，六十二岁的陶澍去世，朝野震动，魏源更是伤心不已，他在挽联中写道："知遇感殊深，石屋印心，牖北垂询商大计；施恩诚普及，灵车返里，江南遗爱念宏规。"上联说的是道光十五年皇帝召见陶澍，询问治国大计，并为其幼年读书的书房赐名"印心石屋"；下联说的是陶澍在江南的政绩及对江南人民的厚爱。魏源后来还为陶澍写有《神道碑铭》《墓志铭》《行状》，大力彰显陶澍的功绩及对自己的知遇之恩。

比陶澍小八岁的林则徐，对魏源思想和事业影响则更大。

后世也把两人一同视为近代开眼看世界的先驱。林则徐（1785~1850），字少穆，福建侯官人。嘉庆进士，历任江苏布政使、江苏巡抚、湖广总督。道光十九年受命为钦差大臣，前往广东查禁鸦片，因禁烟和抵抗英国侵略而名垂青史。

魏源和林则徐的相识大约在嘉庆十九年魏源第一次入京之时，此后两人经常在文人聚集的诗会中相见。道光十二年，林则徐调任江苏巡抚，魏源此时是两江总督陶澍的幕僚。陶、林二人虽是上下级关系，但志同道合，相得无间。陶澍对林则徐非常赏识，多次向道光帝举荐。魏源的父亲魏邦鲁也在林则徐手下做过小官，因廉洁奉公而受到林的器重。有这几层关系，原本就相识的林、魏二人关系就进一步密切。

道光十九年林则徐奉命前往广东禁烟，人生和思想都开始发生巨大转变，由注重内政的实干家转向开眼看世界的先驱。在广东期间，为了了解国外情况，林则徐组织一批精通外语的翻译人员，搜集翻译外国书报，并命人将英国人慕瑞的《世界地理大全》翻译成书，命名为《四洲志》。鸦片战争爆发后，林则徐因禁烟和坚决抵抗而被一贬再贬，最后被发配到新疆伊犁充军。道光二十一年，前往新疆的林则徐在京口（今镇江）与老友魏源相遇。此时的魏源刚随钦差大臣、两江总督裕谦经历定海之战，因建议未被采纳而退出，隐居扬州。此刻相见，两位落难人不知有多少话要说。依依惜别之际，林则徐作出一个影响中国近代史的重大决定，将自己在广州主持翻译的《四洲志》一书的手稿和其他资料交给魏源，嘱托魏源进一步搜集研究外国资料，编写一部帮助中国人了解世界的著作。魏源不负老友所托，在一年后即编成《海国图志》五十卷本，之后，进一步搜集资料，修改补充，编成《海国图志》六十卷本和一百卷本，成为一部划时代的巨著，在中国近代产生了巨大而深远的影响。

林则徐对魏源思想的影响极为深刻。陈其泰、刘兰肖在《魏源评传》一书中对此有精辟的总结。他们认为林则徐的反侵略思想、师敌长技以制敌的主张以及海防思想，构成了魏源"师夷长技以制夷"主张的直接来源。具体说来：首先，林则徐在鸦片战争前后中西最初的交锋中，以务实的精神，迈开了了解世界的第一步，直接启导了魏源的世界意识和开放精神。其次，林则徐的"师敌长技以制敌"主张成为魏源"师夷长技以制夷"的先声。再次，林则徐反对闭关锁国，主张实行平等的对外贸易，对魏源也很有启发和借鉴。最后，林则徐反对侵略、反对投降的实际行动，也激励着魏源反抗侵略的爱国热情。从林则徐那里，魏源获得的是世界的知识、开放的心态、爱国的情怀。尤其是林则徐首创、魏源最终完成的《海国图志》更是两人共同创榛辟莽、引导中国人走向世界的见证。

五、以君衣上月，照我花前饮

嘉庆二十四年，魏源进京参加乡试，遇到了来京参加会试的龚自珍。两人一见如故，情系终生。由于两人志趣、学术、性情、遭遇都极为相似，在当时就龚、魏并称，后人更把他们之间的交往演绎成一段旷世罕见的佳话。

龚自珍（1792～1841），字璱人，号定庵，浙江仁和（今杭州）人。出身于书香门第，是著名古文字学家段玉裁的外孙。嘉庆二十三年（1818）中举，道光九年（1829）中进士。曾任内阁中书、宗人府主事、礼部祠祭司主事。晚年在丹阳书院讲学。道光二十一年暴卒，年仅五十岁。

龚自珍这年会试未中，便留在京城跟刘逢禄学公羊学，而早在嘉庆二十年，比龚自珍小两岁的魏源就已师从刘逢禄。两人从同一导师问学，其关系密切自不待言。道光六年，两人一同参加会试。他们的老师刘逢禄任分校，见邻房浙江、湖南二卷"经策奥博"，便认为此必仁和龚自珍、邵阳魏源也，于是极力推荐，但两人最终都没有考中。两个才华横溢的学生双双落第，刘逢禄极为伤感，于是写下了一首《题浙江湖南二遗卷》诗，对龚、魏的才学极力赞赏，并预言二人不久将高中。此诗后来在京城传开，龚、魏二人由此齐名。

道光八年，魏源捐资为内阁中书舍人，此时龚自珍亦在内阁任职。当时内阁舍人多异才隽彦，龚自珍以才、魏源以学、宗稷辰以文、吴嵩梁以文、端木国瑚以经术著称，时称"薇垣五名士"（薇垣是指朝廷中枢机要紫薇省，是内阁机关的代称）。龚、魏此时作为同僚，交往就更为频繁。

自魏源定居扬州后，每次龚自珍路过扬州，必到魏源的絜园与他相会，畅谈一番。有一次，龚、魏等众好友在絜园秋实轩聚会，谈论甚欢，竟不知不觉都坐到桌子上，待送客时，却发现龚的靴子不知去向。过了几天，待龚自珍要离开时，仆人才从帐顶得之。原来当晚谈笑极为惬意，手舞足蹈，无意之中竟不觉靴子不翼而飞。由此足见龚的名士风度和龚、魏两家的友谊之深。

魏源和龚自珍可谓志同道合的挚友，彼此赏识，惺惺相惜。魏源在赠龚自珍诗中曾写道："以君衣上月，照我花前饮""与君百年内，托足无斯须"。龚自珍一见魏源的《圣武记》，便赠联鼓励："读万卷书，行万里路；综一代典，成一家言。"道光二十一年，年仅五十的龚自珍暴卒于丹阳。魏源闻此噩耗，无比悲痛，急忙赶往丹阳处理后事，并撰一副挽联，感叹好友一生坎坷，追忆彼此深厚友谊："天下谓奇人，骂座每闻惊世论；文坛摧异帜，剪窗犹忆切磋时。"两人生前曾约定"孰后死，孰为定集"，也就是说，谁后死，谁就为先死者整理编辑文集。龚自珍死后，魏源不负所托，在第二年夏天就协助龚自珍之子龚橙认真论定、校正、编辑龚自珍文集，并撰写《定庵文录叙》，扼要概述了龚自珍一生在治学与诗文方面的成就，并特别突出了龚自珍的叛逆精神。

至于龚、魏两人为何能如此心心相印，成为中国近代史上的"双子星座"，其原因有以下几点：首先，共同的学术旨趣是龚、魏友谊的基础。两人同为刘逢禄的高足，又都是嘉道时期今文经学的健将。共同的学术旨趣使他们走到了一起。其次，相似的人生遭际使他们成为患难知交。两人都才华横溢，名满天下，但都是怀才不遇，仕途坎坷。颇为有趣的是，两人都是经过六次会试才中进士。道光九年龚自珍中进士时已三十八岁；道光二十五年魏源中进士时更是年过半百。龚自珍一生只做过内阁中书之类的闲官，魏源蜗居幕府十几年，最后也只做到州县级。长期的怀才不遇，使二人性格更加"狂"和"傲"。仕途的坎坷，社会的排斥，把这两位"狂生"和"傲士"推到了一起，只有彼此欣赏、相互鼓气才能共同应对社会的压力，在夹缝中一吐郁积的怨气，一展惊世的才华。最后，叛逆的学术品格使他们成为批判现实社会、倡言改革的战友。两位"老愤青"不合时宜的言论，在当时为他们招来不少攻击和诽谤，后来又为他们挣得了名垂青史的资格。

魏源一生师友数以百计，综合起来看，大体有三个特点：一、就籍贯而言，主要是江、浙、皖、粤、闽、湘等省之人，其中湖南人为最多，除前面提到的周系英、陶澍、贺长龄、邓显鹤、汤鹏外，还有邹汉勋、黄冕、何绍基等。这里面除了乡土情谊外，共同的湖湘文化是沟通他们心灵、维系他们关系的重要纽带。从魏源师友的籍贯来看，嘉道年间中国的文化重心明显在江南一带，这种趋势一直延续到近代全过程。二、就层次而言，魏源结交的师友大多是当时的各界精英，他们代表着当时中国的智力水平。就功名而言，大多数人中过进士，还有不少人被选为庶吉士，授过翰林院编修。就学问而言，刘逢禄、李兆洛、姚学塽、胡承珙、董桂敷都是当时的大学问家，其他诸人也都学有所成，特别在经世之学方面，几乎囊括了当时的顶尖高手。就政治地位而言，陶澍、贺长龄、林则徐等都官居总督，陶澍更是嘉道年间政坛的领袖人物，影响和培养出一大批政坛新星。就才华而言，龚自珍、包世臣、姚莹在当时又有几人能比？可以说，师友遍天下的魏源当时就处在各类精英的层层包围之中。三、就思想倾向而言，几乎都是经世致用思想的提倡者和实践者。鸦片战争期间和战后，又几乎都是抵抗派和主张向西方学习者。道相同者方能为谋，正因为志趣相同、思想相近，魏源才能在不满现状、立志改革、了解西方、寻求富强的道路上与他们成为师友。

魏源尽交天下士，对他的一生影响巨大。第一，是他事业成功的关键。魏源从一个乡下少年，最终成为著名的思想家、学者、诗人，在中国近代史上跻身于一流人物行列，这其中的每一次进步、每一次转变、每一次升华都离不开师友们的提携、指导、鼓励和交流。没有刘逢禄，魏源就难入今文经学之门；没有贺长龄，也许就没有《皇朝经世文编》；没有林则徐的《四洲志》，也许就没有《海国图志》。如果去掉这些，魏源还能成其为魏源吗？在近代史上又有谁能记得起他？数以百计的良师益友造就了魏源，他也没有辜负众多师友的期望和时代赋予的使命。广交师友对人成功影响之大，在魏源身上体现得最为淋漓尽致。第二，使他的生活丰富多彩。魏源作为一介书生，一天到晚几乎都是在读书、会友、写诗、作文，其中访友、会友占用了他一生大部分时间。他之所以酷爱游历，"轮蹄几遍域内"，其中的主要原因也是访友。师友的教诲、信任、鼓励、安慰给科举受挫、仕途不顺的魏源带来莫大的信心、勇气、慰藉和快乐，给他青灯黄卷的生活增添了诸多亮色。魏源一生虽不得志，晚年生活还陷于困顿，但因朋友众多，经常有高水平的智力交流，因此并不感到空虚和寂寞，勤奋、创造、批判和探索是魏源一生的主调。第三，是后人了解魏源生平和思想的切入点。魏源的一生始终处于师友的包围之中，因此，要了解他的生平和思想，最好的切入点就是从他身边的师友入手。目前已经出版的《魏源年谱》《魏源事迹系年》《魏源诗文系年》《魏源传》都把魏源的交友作为重点和基本线索。抽掉了师友，孤立的魏源几乎是不存在的。这也是本书对魏源交友浓墨重彩的原因所在。

第3章

惟有耽山情最真

魏源自幼好远游，一生酷爱山水，足迹遍及大江南北，并写下了大量歌咏山水的诗篇。2004年出版的《魏源全集》第20册附有《魏源行踪图》，用文字和地图两种方式对魏源一生到过的地方进行了详细的考释，这在近代人物文集中是极为少见的。游历和交友一样，也是魏源生命的重要组成部分，对他的生活、性情和思想都有着重要的影响。

据《魏源行踪图》考释，按中国现在行政区划，除了边远地区以及东南的台湾外，他几乎走遍了全国主要省区和重要城市，包括香港和澳门。考虑到当时的交通条件和魏源一生的遭遇，他足迹如此之广，确实令人惊奇，而且还留有几百首山水诗，因此，称他为徐霞客式的旅行家，并不过分。

一、从此芒鞋踏九州

魏源早年在家乡读书时，就遍游当地名胜，登上过衡山祝融峰，漫步过岳麓爱晚亭。嘉庆十九年（1814），二十一岁的魏源第一次随父出远门，坐船经湘江、入洞庭、登蛇山、逛武昌，与父分手后，与好友再经河南、直隶入京，开始了他"从此芒鞋踏九州，到处山水呈真面"的浪迹生涯。

京城名胜荟萃，本是游览胜地，但此次魏源入京，是为求学而来，自然不能纵情山水，不免有些遗憾。好在他一生数次入京，初次的遗憾最终得以弥补。

嘉庆二十三年，新婚不久的魏源就被好友辰沅永靖兵备道姚兴洁邀往辰州，帮他编纂《屯防志》和《凤凰厅志》，辰州隶属辰沅永靖兵备道，辖今沅陵、泸溪、辰溪、溆浦等数县，州治在沅陵。魏源与友人一起，从邵阳金潭出发，跋山涉水，途中经过沅陵境内的沅江青浪滩时，遭遇大雨，惊险万分，魏源为此留下了"命轻江湖上"的诗句。这次辰州之行，魏源得以饱览湘西的青山秀水。此时的魏源，刚娶娇妻，又览美景，心情一定不错。

嘉庆二十四年，魏源入京参加顺天乡试。虽仅中副贡，魏源似乎并未在意，毕竟是第一次参加乡试。之后，他应湖南同乡贺长龄之邀前往山西，并计划到四川重庆川东道署探望另一位湖南同乡陶澍。

魏源此次西行的路线，大体是先到山西太原拜见山西学政贺长龄。后游河南嵩山、陕西华山，经潼关、子午谷、栈道而由陕入川。途中又经定军山、剑阁、连云栈至成都，拜谒杜甫草堂，再经嘉陵江而至重庆。在重庆川东道署拜见陶澍。最后乘船出三峡回到家乡。

这次远游，魏源诗兴大发，写下不少歌咏山水的诗篇。今收在《古微堂诗集》中的就有《嵩岳三首》《嵩麓诸谷诗五首》《华岳吟》《华山诗三首》《潼关行》《子午谷行》《栈道杂诗》《定军山诸葛武侯祠》《剑阁二首》《蜀道行》《锦城吟》《嘉陵江中诗三首》《出峡词二首》等四十余首。这些诗寄托了他对祖国山河的无限深情和自己经国济世的雄心壮志，也表明他诗歌创作的日渐成熟，开始显现出雄浑遒劲、剽悍奔放的风格。

嘉庆二十五年，魏源携家人迁居江苏父亲的住所，此后大半生，魏源就一直定居在江苏。道光元年，魏源赴京参加恩科会试，再中副贡。次年再赴京赶考，高中"南元"。就在这连续两年赶考的间隙，魏源还两次登泰山，写下了《岱岳吟》《岱麓诸谷诗》等诗篇。

道光二年，魏源与好友邓传密应直隶提督杨芳之邀，赴杨芳驻地古北口，到那里去教杨芳的儿子杨承注读书。杨芳（1770～1846），字诚斋，贵州松桃人，行伍出身，因镇压农民起义有功而升任直隶提督，后又因平定新疆张格尔叛乱而封为果勇侯。杨芳后因在鸦片战争中的拙劣表现而遭到后人指责，魏源在《道光洋艘征抚记》中对他也有讽刺和批评。但在战前，杨芳却是魏源颇为敬重的名将。魏源在杨家教读期间，杨芳对他相待甚厚。闲暇之余，魏源得以访求古代之遗迹、山川之形势、关隘之险要，对其后来研究西北地理大有裨益。杨芳也算得上是魏源的好友之一。

道光五年，魏源入江苏布政使贺长龄幕，开始了其后半生的幕僚生涯。清代的幕僚是比较自由的，与幕主并无上下级的隶属关系，合则留，不合则去。如果遇上志同道合的同乡和好友，那幕僚与幕主的关系就更亲密。魏源先后任贺长龄、陶澍、陈銮、裕谦、陆建瀛等人的幕僚，与幕主的关系都不错。因此他在幕府期间，可以著书、编书，可以应考、访友、游历山水，还可以兼做票盐生意，心情愉快，经济富裕，才干也得以发挥。

道光八年，魏源捐资任内阁中书舍人。而这一年也是他的旅游丰收年。仲夏时节他从北京返苏后，首先畅游了杭州。在杭州，经龚自珍介绍，魏源认识了伊庵居士钱东甫，并向他请教佛学，还延请了曦润、慈峰两位法师讲《楞严》《法华》等大乘佛经，从此与佛教结缘。此外，魏源还畅游了西湖、韬光寺、灵隐寺、飞来峰、花坞和九溪十八涧等名胜古迹，并赋诗多首。

游览杭州后，魏源又东行游历了著名的天台山和四明山。天台山在浙江东部，主峰华顶山在天台县城东北，由花岗岩组成，多悬崖、峭壁、飞瀑等名胜，其中以石梁瀑布最为著名。山中有隋代敕建的国清寺，是佛教天台宗的发源地。魏源游览后作《天台纪》诗六首，题下自注为："天台无主峰，横溃四出，平正博大，中秘幽奇，疑仙疑幻，不可一诗尽也。故择其尤者分纪之。"他选取的六处佳境分别题作：石梁悬瀑、龙涧水帘、琼台双阙、桃源九曲、华顶归云、国清夜宿。四明山是天台山的余脉，是曹娥江和甬江的分水岭。山多松柏竹林，景色优美。魏源游后作《中四明山诗》和《四明山中峡诗》各二首，并分别写有精彩的题记。

这年初秋，魏源还游历了浙江东南的雁荡山。雁荡山分南北两个山系，南雁荡山在平阳县西，北雁荡山在乐清县东北。相传山顶有宕，秋雁归时多宿宕中，故又名雁宕山。山多悬崖奇峰，据说有一百零二峰、六十四岩、四十六洞、十八瀑等，号称东南第一名山。南朝宋时著名山水诗人谢灵运任永嘉太守时，曾游历过雁荡山。据说他还曾自己设计并制造了游山时穿的有齿木屐，上山时去掉前齿，下山时去掉后齿，使上下山如履平地，被后世称为"谢公屐"或"谢屐"。

不知魏源游雁荡山时穿没穿"谢屐"，但他显然是要来追寻谢灵运的足迹。他在游山之后，即兴作《永嘉山水诗补谢》

六首，并在题记中写道："康乐守永嘉，好游咏。而今可考者惟江心一屿，诗与境合。其北雁宕仅至斤竹涧，东雁宕即白石山，仅行田其下，西雁宕即仙宕，曾不齿及……殆古时山径未辟，志乘向导无人，故以好游如康乐而灵奥辄遗欤？妄题数章，欲以补谢屐之憾，不复顾山灵之嘲尔。"题中既对谢灵运因条件所限未能深入雁荡山腹地游览表示遗憾，又抒发了自己要"补谢屐之憾"的豪情。

由于要参加明年的会试，魏源不得不告别浙江山水，返回江苏。在进京赶考途中，他又登天津蓟县城西的名胜盘山，写下了《盘山纪游》四首。这年冬天，魏源又随自己的座师、时任左都御史、礼部尚书的汤金钊西行，经河南、入四川，一路上又写下不少歌咏山水的诗篇。

道光九年的会试，魏源又不中。他一方面继续以内阁中书舍人的身份在内阁值班，一方面借阅史馆各类官私著述。同时，他也不忘利用闲暇游览昆明湖、西山等京城名胜，并写下《海淀杂诗》十首，记述游览时的情形。

道光十年，新疆叛乱首领张格尔的余党博巴克等人又纠众发动叛乱，分扰喀什噶尔、叶尔羌等地。清廷急派陕西提督杨芳、甘肃提督胡超率兵赴新疆围剿。当魏源听说杨芳已从固原统领满汉一万多人出征新疆时，便自愿请从效力。当他历经艰辛、不远万里到达甘肃嘉峪关时，前方战事已取得很大进展，不需再调外省军队前往，他就只好留在嘉峪关待命。这是魏源第一次从军，他将所见所闻写成《西师》诗六首，分析了边疆战事的根源和军营生活的艰辛。魏源后来能成为军事理论家，写出《圣武记》《海国图志》这样的军事著作，与他早年关注军事、投身军营不无关系。由于叛乱很快平息，魏源西出阳关、效命绝域的夙愿无法实现，他为此深以为憾。直到后来，好友黄冕从新疆归来，他在会晤后的诗中还写道："我生第一伤心事，未作天山万里行。"谁曾想到，一介书生的魏源，骨子里倒有几分醉卧沙场、马革裹尸的英武之气。

道光十五年，四十二岁的魏源第五次会试落第，这回他真有点绝望了。他用从事票盐生意获得的巨资，在扬州买下一座别墅，取名为絜园，准备在此终老一生。他对这处别墅十分满意，为园内各处题写对联。如万堂前联云：眼明写正群经字，脚健穿残万岭云。秋实轩联云：尚志诗书，句搜六代三唐后；怡情山水，人在千岩万壑中。古藤书屋的二联是：读万卷书求圣道，行千里路得民情。一园花木足高趣，万卷图书发古香。这些对联既是他对自己前半生苦读古书、浪迹天涯的总结，也寄托了后半生读万卷书、行千里路的向往。

道光二十六年，时任江苏东台知县的魏源因母亲病逝离任守制。守制期间，他对《圣武记》和《海国图志》进行了增补修订。道光二十七年，魏源利用守制的闲暇作了一次"半年往返八千里"的南游。他从扬州出发，由南京溯江而上，经洞庭，入湘江；又溯湘江，抵桂林。然后顺西江到达澳门、香港。再由广州北上，过衡山至江西，回到江苏游苏州、宜兴等地。回扬州不久，再游太湖、杭州、宁波诸名胜。

这次远游，魏源最大的收获是去了澳门、香港，目睹了外面的世界，并购得世界地图等书籍，为以后修订《海国图志》准备了资料。在澳门和香港，他看到了很多新奇的事物，自感"扩我奇怀，醒我尘梦"，并写下了《澳门花园听夷女洋琴歌》和《香港岛观海市歌》。前者叙述了在一个外国人家中做客听钢琴演奏的场景，后者描绘的是海市蜃楼的幻影。两者对魏源思想和心灵的震撼是不言而喻的。除此之外，魏源这次千里南行，还拜访了旧友，增进了友情。在广州，他先访问了诗友张维屏。此时的张维屏因写出《三元里》《三将军歌》等爱国诗歌而为世人赞誉。张在自己新建的听松园接待了魏源，两人畅谈数日而别。之后，魏源又访问了大学问家陈澧，二人谈论起对《尚书》中《禹贡》篇的看法，非常投机。陈澧对魏源的《海国图志》大为惊叹，认为是奇书，这次见面，又当面向魏源质疑，魏源均能虚心接受，陈澧对此感叹道："其虚心受言，殊不可及也。"陈澧的真诚和魏源的胸襟也由此可见。

此次南游，是魏源一生中最开眼界、最长见识、思想发生最大变化的一次游历。他在《楚粤归舟纪游》诗中写道："看尽奇奇怪怪峰，遍穿曲曲弯弯碚。粤吴楚越舟车马，岭海江湖雨雪风。客到岭南疑谪宦，文非海外不沈雄。半年往还八千里，岂独云山入卷中。"岭南之行，使魏源目睹了西方文明在东方的展示，亲身感受到了欧风美雨的吹打。他在惊奇之余，更加认识到了解世界的重要性和紧迫性，以及自己肩负的使命。他晚年对《海国图志》又进行一次更大规模的增订，与此次南行的阅历和感受直接有关。

道光二十八年（1848），仍在守制的魏源在将父母迁葬和安葬之后，又开始了新的旅程。魏源先溯长江而上，到江西九江，重游庐山，并写下《庐山杂咏》诗十三首。下庐山以后，又游南昌，后东行至浙江雁荡山。这次重游雁荡山和天台山，魏源又留下了《雁荡吟》《天台山杂诗》五首和《天台石梁雨后观瀑歌》等诗篇。

此后数年，魏源任兴化知县和高邮知州，因忙于政务，再无时间和精力远游。咸丰七年（1857）三月初一，六十四岁的魏源病逝于杭州。因生平喜爱西湖，遂葬于南屏山之方家峪。浪迹天涯、寄情山水的游子重又回到大自然的怀抱，与青山绿水永远相伴。后来，他的老友、老乡、大书法家何绍基来墓前凭吊时，写下一首千古名联，表达了师友及后人对这位一生坎坷、影响深远的巨人的无尽思念："烟雨漫湖山，佳壤初封，千古儒林凭吊奠；姓名留宇宙，遗篇在案，几行涕泪点斑斓。"

二、应笑十诗九山水

魏源一生好游历，而且游必有诗。据统计，魏源现存的诗有八百首左右，这其中山水诗就有五百余首。他自己在《戏自题诗集》中也自豪地写道：

> 太白十诗九言月，渊明十诗九言酒，和靖十诗九言梅，我今无一当何有！惟有耽山情最真，一丘一壑不让人。昼时所历梦同趣，贮山胸似贮壶冰。渊明面庐无一咏，太白登华无一吟，永嘉虽遇谢公屐，台荡胜迹皆未寻。昔人所欠将余俟，应笑十诗九山水。他年诗集如香山，供养衡云最深里。

他立志要弥补前贤的缺憾，不仅要遍游祖国大好河山，而且要用诗歌将难以言状的美景呈现出来，为山河壮色。

魏源的山水诗继承了南朝著名山水诗人谢灵运开创的优良传统，又受到陶渊明、李白山水诗的影响，整体风格雄浑遒劲、气势奔放，深得豪放派的精髓。如《华岳吟》一首，诗的开篇写道："呜呼！华山之高，吾不知其尚在青天之下，其色直出青天上，削成四方五千仞，非有羽翼徒空仰。雍州积高神明壤，蓐收金气何森爽。猿鸟到此神不旺，烟云草木皆凄怆。"接着，他又从看山、爬山、登顶俯视、云雾、星月等几个角度，将华山的气势充分展现出来。

再如他的长诗《天台石梁雨后观瀑歌》，更显才气和豪放：

　　雁湫之瀑烟苍苍，中条之瀑雷硠硠，匡庐之瀑浩浩如河江。惟有天台之瀑不奇在瀑奇石梁，如人侧卧一肱张。力能撑开八万四千丈，放出青霄九道银河霜。我来正值连朝雨，两崖逼束风逾怒。松涛一涌千万重，奔泉冲夺游人路。重冈四合如重城，震电万车争殷辚。山头草木思他徙，但有虎啸苍龙吟。

接着又描绘了月瀑、冰瀑的壮观景象，最后几句又回到雨瀑：

　　山中胜不传山外，武陵难向渔郎道。语罢月落山茫茫，但觉石梁之下烟苍苍，雷硠硠，挟以风雨，浩浩如河江。

此诗本来是写天台山瀑布，开篇却先将雁湫、中条、匡庐三大瀑布的奇观展现出来，然后再点出天台瀑布的神奇之处"不奇在瀑奇石梁"。接着依照时间变化，将天台雨瀑、月瀑、冰瀑（从僧人口中了解）的奇观一一描绘出来。最后又点出天台雨瀑兼有雁湫、中条、匡庐之奇，集天下奇瀑之大成。全诗以天台瀑布为主题，将天下瀑布之奇汇聚一处；以天台雨瀑为重点，又将月瀑和冰瀑融为一体，在比较和变化中将天台瀑布的壮观和奇异景象淋漓尽致地表达出来，堪称山水诗中的精品。

魏源观山写景，还善于抓住山的形态和个性，在比较中突出山的特点。如他写衡山，却先从其他四岳入手："恒山如行，岱山如坐，华山如立，嵩山如卧。惟有南岳独如飞，朱鸟展翅垂云天。四旁各展百十里，环侍主峰如辅佐。遍巡辅佐陟主峰，坐受众朝如受贺。"这是在看遍五岳之后，将衡山置于五岳之中，在突出衡山如飞的同时，将其他四岳的特征也形象地描绘出来。

魏源的山水诗还体现出他的"游山学",即山水美学观。他在《游山吟》中写道:"人知游山乐,不知游山学。人生天地间,息息宜通天地龠。特立山之介,空洞山之聪,渟蓄山之奥,流驶山之通。泉能使山静,石能使山雄,云能使山活,树能使山葱。谁超泉石云树外,悟入介奥通明中。游山浅,见山肤泽,游山深,见山魂魄。与山为一始知山,寤寐形神合为一。蜗争膻慕世间人,请来一共云山夕。"

在魏源看来,山与人相通,山的特立、空洞、渟蓄、流驶类似人的介、聪、奥、通。游山者只有超出泉石云树这些自然景物,才能体会到山的介奥通明。也只有游山深的人才能窥见山的魂魄,与山合为一体。游山还能扩充人的胸怀、净化人的心灵,不屑于在蜗牛角上争名夺利。可见,魏源的山水诗写的不光是自然景致,还蕴含着他对社会和人生的深刻感悟。

魏源的山水诗也赢得后人的赞誉,如他的老乡郭嵩焘就评论说:"游山诗,山水草木之奇丽,云烟之变幻,瀚然喷起于纸上,奇情诡趣,奔赴交会。盖先生之心,平视唐、宋以来作者,负才与之角。将以极古今文字之变,自发其嵚崎历落之气。每有所作,奇古峭厉,倏忽变化,不可端倪。"当然也有人认为魏源的山水诗,有些粗犷太甚,不合韵律。这反映出魏源的山水诗以才取胜,并不斤斤于字词韵律的斟酌。

魏源不是退居山林、吟花弄月的隐士,而是一个关注现实、立志变革的思想家,因此,他游历山水不仅仅是为了消遣,而是要从大自然的奇奇怪怪峰和曲曲弯弯水中来寻求变革现实的灵感和勇气。他喜欢寻幽探险,爱到人迹罕至之地,不正是他在现实中特立独行、不惧流俗、追求真理品格的体现吗？他的山水诗也不仅仅反映大自然的神奇和瑰丽，还寄托了他自己追求新奇和刺激，变古愈尽、便民愈甚的远大抱负。因此，魏源的山水诗是魏源情感和活动的真实记录，是了解魏源不可或缺的重要资料。就艺术价值而言，在中国山水诗史上也应有一席之地。

第 4 章

喜以经术作政论

1950 年，著名史学家齐思和先生在《魏源与晚清学风》一文中，将魏源与顾炎武、戴震并列为清代学术风气转变的三位代表人物。他指出："晚清学术界之风气，倡经世以谋富强，讲掌故以明国是，崇今文以谈变法，究舆地以筹边防。凡此数学，魏氏或倡导之，或广大之。汇众流于江河，为群望之所归。岂非一代大儒，新学之蚕丛哉！"从魏源一生的学术成就和贡献而言，他对此评价受之无愧。

一、发挥三家《诗》之微言大义

魏源早年"究心于阳明之学，好读史"，自嘉庆十九年（1814）第一次入京拜刘逢禄为师后，开始步入经学的门槛，后来登堂入室，与龚自珍一道成为今文经学的健将。魏源的经学著作主要是《诗古微》和《书古微》两书，他为什么要写这两本书？这两本书内容如何？要回答这个问题，就必须从经学起源、今文经学和古文经学之争说起。

"经"是汉代以后对儒家典籍的通称。在汉代以前，以孔子为代表的儒学只是诸子百家之一。汉武帝时期，采纳了董仲舒"罢黜百家，独尊儒术"的建议，立儒学为官学，儒家著作从此成了"经"。对经的辑佚、注疏、解释就是"经学"。汉代立"五经博士"，"五经"是指《诗》《书》《礼》《易》《春秋》。到了唐代，发展为"九经"即《诗》《书》《易》《周礼》《仪礼》《礼记》《春秋公羊传》《春秋穀梁传》《春秋左氏传》。另外，《论语》《孝经》《尔雅》也已被视为"经"。到了宋代，《孟子》也升格为"经"，并把《礼记》中的《大学》《中庸》两篇抽出来和《论语》《孟子》合称为"四书"。至此，儒学十三经已经形成。清代编著的《十三经注疏》更是集历代注疏十三经之大成。

经学从汉代就因传承、文字、解释的不同而有差异，后来形成今文经学和古文经学两大学派，在中国学术史上引发千年之争。汉初，在经历秦始皇"焚书坑儒"和秦末大乱之后，儒家著作几乎荡然无存。当时只得由幸存下来的儒生口授，用当时流行的文字（隶书）写成，后称为"今文经"。汉代建立的经学博士，所用的都是今文经籍。汉代的今文经学，《诗》有鲁（申公）、齐（辕固生）、韩（婴）三家，鲁、韩二家文帝时立为博士，齐诗则在景帝时立为博士。《书》有欧阳氏、大夏侯（胜）、小夏侯（建）三家，同出于伏生，欧阳氏武帝时立为博士，大、小夏侯宣帝时立为博士。《春秋》有《公羊传》和《穀梁传》二家，《礼》有三家，《易》有四家。今文经学解释经义，主要在于"通经致用"，着重章句推衍，结合阴阳五行灾异和刑名学说来发挥经文的微言大义，提倡大一统、尊君抑臣、正名分等思想。汉武帝时期，董仲舒的公羊学最适合统治者的需要，有特别尊显的地位。西汉中叶以后，古文经学逐渐兴起，今文经学因拘于师承家法，流于烦琐和诞妄，故逐渐衰落。东汉末年，郑玄注经兼采今文经和古文经，今古文之争趋于平和，此后，今文经学日趋衰微。

汉代末年，散佚在民间或藏在宅壁中的儒家书籍逐渐被发现，因是用汉代以前的文字写成，故称"古文经"。其中《书》有《古文尚书》，《诗》有《毛诗》，《礼》有《逸礼》，《春秋》有《左氏传》。古文经学解释经义，主要在于"通经识古"，偏重于名物训诂，其特色为考证，而其流弊为烦琐。因重经籍所记事实，倡文字学和考古学，后世又称其为"汉学"。西汉时期，古文经学未被立于官学。王莽当权时，由于托古改制的需要，刘歆借机把《春秋左氏传》《古文尚书》《逸礼》《毛诗》等立于官学。东汉光武帝时，又取消古文经博士，复立今文经博士。终汉之世，古文经没有再立于官学。但由于古文经在内容上胜过今文经，再加上贾逵的传授，学者都欣欣向慕，古文经学的传播日益广泛。东汉最有名的学者如贾逵、服虔、马融、郑玄都是古文家，或兼通今古。在马融、郑玄兼采今古文注经的影响下，今古文渐趋混同。汉末以后，今文经学日渐衰微，古文经学占据主导地位。

弄清了经学的起源和今古文之争，再来看清中期今文经学的复兴。清初，目睹明朝灭亡的学者痛空谈之亡国，恨书生之乏术，提倡实学，以笃行实践为依归，其志在讲求天下之利病，隐求民族之复兴，学风为之一变，顾炎武为其代表人物。清乾嘉时期，因文网严密，士大夫讳言本朝事，一头扎进古纸堆，醉心于音韵训诂之学，因而出现所谓的"乾嘉学派"。但其时清朝已由盛转衰，社会矛盾日益尖锐，考据训诂之学无补于世道人心。在这一大背景下，蛰伏千余年的今文经学开始复苏，企图发挥经学中的"微言大义"，以达"经世致用"之目的。清中期，今文经学复兴的开创者是庄存与，关键人物是魏源和龚自珍的老师刘逢禄。

庄存与（1719～1788），字方耕，江苏武进人，乾隆十年（1745）进士，授翰林院编修，历任直隶学政、礼部右侍郎及湖南、山东学政，天文、算法总裁官及乐部大臣。乾隆三十二年（1767）命在上书房行走。他的主要著作是《春秋正辞》《春秋举例》《春秋要旨》。其治学宗旨是尊汉代董仲舒、何休今文经学之"古"，求公羊学之正途。庄存与在清代首倡公羊学，影响到门人孔广森、外孙刘逢禄、侄外孙宋翔凤，由此开创了常州学派。刘逢禄作为常州学派的关键人物，其主要贡献是响亮地提出只有公羊学说才得孔子真传，重新整理了《公羊传》从胡母生到董仲舒、何休前后相承的今文学派系统，并公开拿出来与古文学派相抗衡。淹没千余年的公羊学说，至此才得以显扬。特别重要的是，他培养出魏源、龚自珍这两位今文经学的健将，使嘉道年间的今文经学足以与古文经学全面抗衡，并由此转变了这一时期的学术风气。

绕了这么一个大弯子，目的就是更好地理解魏源写《诗古微》和《书古微》的用意以及这两本的内容。先看《诗古微》，此书在道光元年写成两卷本，后来不断增订，到1855年重订为二十卷本。至于此书的宗旨，魏源在自序中明言："《诗古微》何以名？曰：所以发挥齐、鲁、韩三家《诗》之微言大谊，补苴其罅漏，张皇其幽渺，以豁除《毛诗》美刺正变之滞例，而揭周公、孔子制礼正乐之用心于来世也。"

魏源为什么要这样做呢？原来，汉初立五经博士，《书》《礼》《易》《春秋》各一家，唯《诗》则有鲁、韩、齐三家，因此，今文经之分派，以《诗》为最早。《毛诗》后出，平帝时曾立博士，光武帝时罢之，终汉之世，未得更立。至汉末，郑玄遍注群经，于《诗》以《毛诗》为主，仅在不妥处，以鲁、韩、齐三家正之。从此以后，学者皆以郑玄注为主，而鲁、韩、齐三家渐衰。《齐诗》亡于魏代，《鲁诗》亡于西晋，《韩诗》唐、宋尚存，旋亡于北宋。三家诗至北宋而亡尽，而辑三家诗的工作也从宋代开始。朱熹作《诗集传》，杂采《毛传》《郑笺》以及齐、鲁、韩三家诗文，并认为《汉书》《文选》以及汉魏诸子中有很多地方引用了《韩诗》，可以从古书中搜集三家逸说以备考。魏源就是根据朱熹的这个想法而作《诗古微》的，其主旨就是研究和阐发汉代经学家解释《诗经》的古义，即通过搜集齐、鲁、韩三家遗说，发挥三家《诗》的微言大义，并对《毛诗》进行订正。

魏源大力搜集典籍上关于三家诗师承关系的记载，将起自西汉初的三家诗传授系统考订清楚，是对今文经三家诗学术地位的有力肯定，同时，他还举出确凿的证据反驳了古文学派所加的矫枉之词。对此，清末皮锡瑞评论道："三家亡，《毛诗》孤行，多信《毛》而疑三家。魏氏辩驳分明，一扫俗儒之陋。"

魏源《诗古微》在阐发《诗经》古义时的另一个重要贡献，就是打破《毛诗》的"美刺"说。长期以来，《毛诗》"美刺"说一直是解释《诗经》的最高权威。《诗序》云："正得失，动天地，感鬼神，莫近于诗。先王以是经夫妇，成孝敬，厚人伦，美教化，移风俗。"东汉郑玄、唐代孔颖达更加以发挥，称"论功颂德，所以将顺其美；刺过讥失，所以匡救其恶。""夫诗者，论功颂德之歌，止僻防邪之训。""美刺说"将《诗经》政治化、道德化，自东汉至清代，一千多年来，学者莫不尊奉，解诗成为一种政治和道德说教。魏源在《诗古微》中力破"美刺说"，提出了古代诗歌"自道其情"的新鲜见解。他指出，古代诗歌是作者为表达自己的感情、吟咏当时发生的事件而作，对这样的诗篇必须按照作诗者因事、因时产生的真实感受去理解。像《毛诗》那样，专讲"美刺"，不仅是牵强附会，而且根本歪曲了古代诗歌产生的规律。与此相反，鲁、齐、韩三家诗多据实说明诗篇因何事、何人而作，更多地保存了比较接近实际的解释，因此，值得发掘和重视。

魏源此书写成后，学界褒贬不一。李兆洛、刘逢禄在叙言中，对此书推许备至。李评价说："自汉代以来之治《诗》者，未有如默深者也。榛荆灌莽之蹊，一旦挈而还之康庄，其为乐孰大于是？"刘更称赞魏源对今文经学复兴的贡献："其所排难解剥，钩沉起废，则又皆足干城大道，张皇幽渺，申先师败绩失据之谤，箴后汉好异矫诬之疾。使遗文湮而复出，绝学幽而复明，其志大，其思深，其用力勤矣。"

而刘师培、章太炎则站在古文经学的立场上对此书评价甚低，刘师培在《经学教科书》中说："魏源作《诗古微》，斥《毛诗》而宗三家《诗》，然择说至淆。"章太炎的评价则更低："素不知师法略例，又不识字，作《诗》《书》古微。凡《诗》，今文有齐、鲁、韩；《书》，今文有欧阳、大小夏侯，故不一致。而齐、鲁、大小夏侯尤相攻击如仇雠，源一切混合之。所不能通，即归之古文，尤乱越无条理。"章太炎的这段评语不免带有古文家的偏见，但也可能正击中此书的要害。

现代史学家齐思和在《魏源与晚清学风》一文中也认为，魏氏以《周礼》《左传》解经证《诗》，自后来今文家视之，未免取证过滥，变乱家法。且魏氏常用宋人之说以驳毛，在旧经学家视之，亦难免变乱家法之讥。且三家《诗》自汉初既已各立博士，其分较其他各经为早，必有其不合在。而魏氏于三家《诗》既废二千年之后，竟混而一之，合三家为一家，即在今文家言之，亦不免变乱家法之讥。齐思和列出以上三点"变乱家法之讥"，批评可谓严厉。

二、使绝学复大光于世

《书古微》是魏源的另一本重要的经学著作，共十二卷，成书于咸丰五年（1855）。魏源在序言中，对写这部书的目的有明确的说明："《书古微》何为而作也？所以发明西汉《尚书》今古文之微言大谊，而辟东汉马、郑古文之凿空无师传也。"在例言中又说："尽发马、郑之覆，而阐西汉伏、孔、欧阳、夏侯之幽，使绝学复大光于世。"也就是要辨明两汉《尚书》学的异同，一方面发明西汉《尚书》今古文的微言大义，一方面辟除东汉马融、郑玄注解的《古文尚书》。

《尚书》是我国最早的一部政治文献，保存了商周，特别是周初的一些重要资料，是儒学的最主要经典之一。《尚书》的传承极其复杂，其中夹杂着今古文之争、真伪之争，是千年经学史演变的一个缩影。《尚书》在西汉时就已有今古文之争，到东汉时，又流行一本马融、郑玄作注的《古文尚书》，东晋时梅赜又献出一部孔安国作《传》的《古文尚书》。这样，《尚书》除一个今文本外，还有三个古文本，其复杂程度真是令人叹为观止。

梅赜的《古文尚书》出现最晚，在宋代就引起朱熹的怀疑，到了清代，阎若璩著《古文尚书疏证》、惠栋著《古文尚书考》，用大量确凿的证据，一一揭发出梅赜作伪的来源，至此，东晋《古文尚书》及孔《传》全系出于伪作，遂成铁案。此后，江声、孙星衍、王鸣盛、段玉裁等继续加以疏证，大都是在阎、惠考证的基础上加以发挥，痛打"死老虎"。

以上诸位乾嘉学者考辨疏证的目的，是恢复和表彰东汉马融、郑玄对《尚书》的传注。而魏源的《书古微》则更进一步，即辟除马、郑传注的《古文尚书》凿空无师传，而发明西汉《尚书》今古文的微言大义。在魏源看来，揭露东晋梅赜《古文尚书》之伪而返回马、郑的古文本，这还只是第一步；弄清马、郑古文说之臆造无师授而返回伏生、欧阳、夏侯及司马迁、孔安国问故之学，这是第二步，只有如此才能真正恢复《尚书》的本来面目。魏源《书古微》要做的就是完成第二步的任务。

魏源在《书古微序》中，从学术史的角度对《尚书》的演变作了梳理。他指出，西汉伏生从屋壁中得尚书二十九篇，而欧阳、夏侯传之，是为《今文尚书》。孔安国又从孔子屋壁中得《古文尚书》四十五篇，较今文多佚书十六篇。而孔安国从欧阳受业，尝以今文读古文，又以古文考今文。司马迁亦尝从孔安国问故，因此，西汉今古文本即一家，大同小异不过十分之一，一开始并未判为两家。后汉杜林又称得漆书《古文尚书》，传之卫宏，贾逵为之作训，马融作传，郑玄注解，于是《古文尚书》遂显于世，与《今文尚书》判然为二，动不动就诋毁传《今文尚书》的欧阳、夏侯为俗儒，《今文尚书》遂为所压。到了东晋，伪《古文尚书》出现，而马、郑所注《古文尚书》亦废。本朝诸儒揭穿了东晋晚出之《古文尚书》为伪作，于是又以马、郑古文本为真孔安国本，以马、郑说为真孔安国说，而不知两者如风马牛之不相及。

接着，魏源列举了马、郑古文本不可信的五大证据：第一，杜林得漆书说不可信；第二，东汉古文之师说，实则引用西汉之今文，加以改头换面，而后对西汉今文大力攻击。第三，司马迁曾从孔安国问学，《史记》中有真古文之传，然而东汉之古文说却无一不与司马迁相反。大量解释纯属向壁虚造，南辕北辙。第四，汉代经学最重师承，西汉今古文皆出自伏生，故所解释基本相同。而东汉古文则不然，马融不同于贾逵，贾逵不同于刘歆，郑玄又不同于马融。试问东汉古文的家法师承何在？

魏源在《书古微例言》中，对东汉马、郑所注《古文尚书》更是大加讨伐："若伪古文之臆造经、传，上诬三代，下欺千载，今既罪恶贯盈，阅实词服，即当黜之学校，不许以伪经出题考试，不许文章称引。"并建议将西汉今文《尚书》立于学宫。由此可见，魏源辩论学术、崇尚今文经学不仅仅是为今文经学争学术地位，还有直接的现实和政治目的，这正是他论学必以经世致用为目的的具体体现。

对魏源的《书古微》如何评价，学者人言人殊，莫衷一是。古文经学家刘师培认为，魏源作《书古微》，以马、郑之学出于杜林《漆书》（漆书《古文尚书》），并疑杜林《漆书》为伪作，乃排黜马、郑，上溯西汉今文学。言虽武断穿凿，亦间有善言。有贬有褒，还算公正。清末经学家皮锡瑞评价说，魏源尊信刘逢禄，其作《书古微》，痛斥马、郑，以扶今文，实本庄存与、刘逢禄，更参臆说。庄、刘、魏皆议论太畅，此宋儒说经之文，非汉儒说经之文。解经于经无明文者，必当阙疑。庄、刘、魏立论太果，此宋儒武断之习，非汉儒矜慎之意也。皮锡瑞也许说的是事实，可魏源议论太畅、立论太果，并非是什么宋儒说经之文，而是晚清今文经学家"以经议政"的具体体现，作为讲求实事求是的经生派的一员，皮锡瑞对此是难以理解和赞同的。

齐思和在《魏源与晚清学风》一文中，完全跳出了今古文之争的樊篱，从现代科学的角度对魏源的《书古微》进行了评价。他首先肯定魏源此书"旁搜远绍，钩沉阐幽，表西汉之遗说，寻坠绪之茫茫，其扶微起绝之功，在在多有"。而后又指出，此项工作的难度，更甚于《诗》。因为《诗》三家说虽亡，毛、郑《传》《笺》犹存。而《书》则不惟伏生、欧阳之今文说已亡，即马、郑之古文说亦亡。而魏源于千载之下，欲排斥马、郑古文之是非，其事之难，可想而知。比如数学，就两个已知数以求一个未知数，尚还可以。今乃就两个未知数，以求一个未知数，其可得乎？再加上事属草创，体例未精，向壁虚造之失，逞臆武断之弊，俱不能免。齐思和在列出若干证据后总结道，魏源批评马、郑诸儒为虚造臆说，而其书逞臆武断之弊，较前儒为更甚。并认为这是今文家之通病，不仅是魏氏一人为然。评价可谓严厉而公正。

魏源虽被后人视为晚清今文经学的健将，但他毕竟不是纯粹的经学家，更不是固守一门一派的经师。因此，对他的经学著作《诗古微》和《书古微》单从学术角度来评价，显然是不够的，还必须结合嘉道年间的社会现实和今文经学"喜以经术作政论"的特点来分析。近代学者梁启超和现代学者齐思和对此都有精彩的论述。

梁启超在《清代学术概论》中从政治的角度评论龚自珍、魏源的经学，他认为："今文经之健者，必推龚、魏。龚、魏之时，清政府既渐陵夷衰微矣，举国方沈酣太平，而彼辈若不胜其忧危，恒相与指天画地，规天下大计。考证之学，本非其所好也，而因众所共习，则亦能之；能之而颇欲用以别辟国土，故虽言经学，而其精神与正统之为经学而治经学者则既有以异。自珍、源皆好作经济谈，而最注意边事。故后之治今文学者，喜以经术作政论，则龚、魏之遗风也。"由此可见，魏源治经学并非为经学而经学，而是另有用意，欲借经学以谈经济（经世济国），以经术作政论。正因为于此，他才能由今文经学的健将转变为经世派大师，而有别于那些固守一门一派、不知变通的经师。

齐思和在《魏源与晚清学风》中也指出，平心而论，晚清今文运动，本为一政治运动。清代考证训诂之学，到乾隆之时，已完全达到了纯学术的阶段。至嘉道之时，世变日亟，忧国之士，感慨国事日非，痛惜所学无用，于是提倡经世之学，欲改变学术界之风气，不得不对当时正统学派作猛烈的攻击，又不得不抬出西汉儒学，以表明自己所言有本有据。将有所立，必有所破。当其攻击当时正统学派时，不免偏激武断，粗犷狂悍，因为不如此不能耸人听闻，引人注意，矫枉必先过正，势所必然。自魏源以后，今文家又分两派。一派为经生派，如陈乔枞辑三家《诗》，精审远出魏源之上。皮锡瑞实事求是，不尚武断，尤集清代今文学之大成。此派学者，其工作之细密，态度之矜慎，绝不在乾嘉诸老之下，确能发扬绝学，张皇幽渺。一派为政论派，如康有为、廖平、梁启超、谭嗣同，其提倡今文之宗旨，在于倡导维新变法。此等思想，当时风靡一世，在政治上发生极大的作用，而其学术上之价值甚微。原因就在于，他们所谈论的经术，实际上就是政论。待政治运动已完成其使命后，其经学著作，也如政治运动一样成为历史上的陈迹、过去的史料而已。齐思和的上述论断，反映出一位受过现代学术训练的学者对晚清今文运动的客观公正的评价，也成为今天我们评价魏源经学著作的基本原则。

三、治不必同，期于利民

魏源早期还有一部重要的著作，书名叫《默觚》（也有学者认为此书是魏源晚年定稿的著作）。默是魏源字默深的第一个字，觚是简牍。从书名来看，这本书即是魏源的读书笔记。此书分上下两篇，上篇《学篇》十四，下篇《治篇》十六。各篇下分若干条，全书共一百六十五条。每条最短的仅数十字，最长的也只有七百字左右。此书的最大特点，是大量引用《诗经》语句作为段落的结束语，据有人考证，全书一百六十五段文字中有一百零七段是以《诗经》语句作为结束语的。这表明，魏源作此书时正在研究《诗经》，因对《诗经》内容较熟，故形成这种体裁。《默觚》一书虽篇幅不大，但内容极为丰富，反映出魏源的哲学、政治、教育、人才等思想，一向为魏源研究者所重视。

魏源认为，矛盾是普遍存在的，而且每一对矛盾中都有主次之分。他指出，天下物无独必有对，而且两高不可重，两大不可容，两贵不可双，两势不可同。若有重者、容者、双者、同者必争其功。因此，一对之中必有一主一辅，则成对又不失其独。这其实讲的就是矛盾的主要方面和次要方面。

魏源还能用辩证的观点看待事物的转变。他认为，暑热至极不会再生暑热，而生寒冷；寒冷至极不会再生寒冷，而生暑热。屈曲过甚，其伸展必然强烈；蛰伏太久，其高飞必然坚决。所以，不如意之事，如意就潜伏在其中；快意之事，背后隐藏着不如意。消退与生长同聚一门，祸害与幸福本是同根。不光世上万物如此，学问之道也如此。轻易得到的东西，也会轻易失去；只有费尽艰难得到的东西，才能兢兢业业地守护。这正如《诗经》所言：战战兢兢，如临深渊，如履薄冰。

在认识论上，魏源坚持"及之而后知，履之而后艰"的"行先知后"论。他举例说，披阅五岳之图，以为知山，不如樵夫之一足；谈论沧溟之广，以为知海，不如船商之一瞥；翻阅八珍之谱，以为知味，不如庖丁亲尝一口。不亲自实践、亲自接触就不可能认识事物。这显然是一种正确的认识论。

在政治上，他主张因时而变，反对泥古守旧。他以历史上制度变革为例指出，在赋税制方面，租庸调制变为两税制，唐代的两税制又变成清代的一条鞭制。变古愈尽，便民愈甚。即便是圣王重新来治国，也必然不会舍弃一条鞭制而恢复两税制，舍弃两税制而恢复租庸调制。在人才选拔方面，由乡举里选制变为门阀制，由门阀制而变为科举制，即便是圣王重新来治理国家，也必不会舍弃科举制而恢复选举制。天下之事，人情都认为不便利者，变了以后还可以恢复；人情都认为便利者，变了就不可恢复。江河百源之水，都趋向大海，反过来让江河之水重回高山，可能吗？因此，履不必同，期于适足；治不必同，期于利民。

魏源进一步指出，君子治理国家，无夏商周三代以上之心则必俗，不知三代以下之情势则必迂。只读父辈之书者，不可以与他谈论军事；只知道固守陈案者，不可以与他谈论法律，喜欢抄袭者不可以与他谈论文章。善于弹琴、下棋者不用看曲谱和棋谱，善于相马者不用按图索骥，善于治民者不拘旧法。办法只有一个，亲身感受、亲自实践而已。

在知人、用人方面，魏源也有独特的思想。他认为，知人要知人之长短。不知人之短，不知人之长，不知人长中之短，不知人短中之长，则不可以用人，不可以教人。用人者，取人之长，避人之短；教人者，成人之长，去人之短。那么怎么才能做到这一点呢？魏源指出，只有完全知道自己的短处，而后才能去掉别人的短处，只有不倚仗自己的长处，而后才能用别人的长处。

针对当时人才匮乏的现状，魏源指出，国家有人才，就好比山川有草木。要使山川林木茂密，非有山麓高大深厚之气不可。只有一国之君不高高在上，不害怕民众，有谦卑育物之心，人人都可以亲近他，人人才能为他所用。所以，人才者，求之则愈出，置之则愈匮。也就是说，只要统治者虚心求贤，人才将用之不竭；反之，置之不用，则人才就会越来越匮乏。

总之，《默觚》是魏源哲学思想、政治思想、人才思想的集中体现，也是魏源一生的思想基础和行动指南。魏源后来之所以能成为经世派大师、改革家、开眼看世界的先驱，都与《默觚》中所反映的认识论、世界观、人生观有密切的关系。

第 5 章

变古愈尽，便民愈甚

道光五年，魏源进入江苏布政使贺长龄的幕府，稍后又进入江苏巡抚和两江总督陶澍幕府。在协助贺长龄、陶澍编书和改革过程中，他的思想发生了重大转变，从早年醉心的理学、汉学转为与国计民生息息相关的经世之学，他本人也由一个经学家转变为经世派的代表人物和改革家。

一、凡讲求经济者，无不奉此书为矩矱

魏源进入贺幕之后，所做的第一项主要工作就是遵照贺长龄的吩咐，选编一本有关经世方面的文集，这就是道光六年编成并刊行的《皇朝经世文编》。此书一出，风行海内，转变了一时的学风，影响了近代史全过程。那么，贺长龄为何要让魏源编这部书呢？这部书到底有何内容能影响一代中国人呢？

贺长龄让魏源编此书，并不是偶然的，而是嘉道年间社会现实和学术风气相互冲突、相互激荡的结果，是经世之学异军突出、经世派全面登上历史舞台所发出的宣言书。嘉庆、道光年间，统治中国近二百年的清王朝在经历所谓的康乾盛世之后

急剧衰落。内部政治腐败，军备废弛，社会问题积重难返，农民起义接连不断；外部鸦片输入日增，白银大量外流，西方殖民者叩关日亟。更为严重的是，整个清朝统治阶级对面临的严峻形势缺乏清醒的认识，尤其对外部世界几乎是一无所知。与此相对应的是，当时的学术界仍是脱离实际、不问时事的汉学与宋学一争高下。宋学，即宋明理学，以空谈性命义理、道德人心相标榜。宋学由于统治者的提倡和科举制的保障，自清初以来一直在学术界占据统治地位。汉学，即清代中期兴起的、秉承汉代治学风格、以考证训诂为特色的乾嘉学派。宋学流于空疏，汉学失于烦琐，两者的共同之处是不问现实，不谈时事，学术或沦为道德说教，或变成文字游戏，均无补于世道人心和国计民生。嘉道年间，随着社会危机的日益加深和汉学的极盛而衰，在汉宋之争的夹缝中，一种新的以关注国计民生、解决现实问题为主旨的学风开始兴起，并逐渐引起有识之士的响应，这就是经世致用的学风。提倡这种学风的既有陶澍、贺长龄、林则徐这样的封疆大吏，也有李兆洛、包世臣、姚莹这样的著名学者。特别值得一提的，由于今文经学"喜以经术作政论"，以经术为治术，与经世思想有天然的相通之处，只不过披了一层经学的外衣而已，因此，像龚自珍、魏源这样的今文经学家后来都成了经世派的骨干成员。

尽管嘉道年间社会危机的加深引发了经世学风的兴起和经世派的崛起，但由于宋学一直立足于官学，汉学在学术方面成绩显著，因此，刚刚兴起的经世之学能否在学术界站稳脚跟，并发扬光大，这不仅关系到学风的转变，更关系到中国未来的命运。在此关键时刻，贺长龄发挥了极其重要的作用。贺长龄在湖南岳麓书院读书期间，就深受湖湘文化的浸染，奠定了关心社会、经世致用、除弊兴利的思想基础，现在官居江苏布政使，更有职有权来大力提倡经世之学。而将清代以来有关经世的文章汇编为一书，从历史上寻找经世致用的根据，借鉴前人经世致用的经验，扭转空疏烦琐的学风，壮大经世派的声势和影响，无疑是最便捷、最适当的选择。贺长龄此举证明，他不光是一位能干的地方要官，也是一位颇具战略眼光的学界领袖。《皇朝经世文编》虽然主要是魏源编辑而成的，但如果没有贺长龄的提议和财力支持，单凭魏源一人之力，这部一百二十卷的皇皇巨著当时根本无法编成和刊行。至于他找到魏源来编此书，更是慧眼识珠，将魏源从今文经学的古纸堆推向了危机四伏、弊端丛生的现实世界，成就了魏源一生的事业和名声。

魏源在编辑《皇朝经世文编》时，遵循了五项原则，即审取、广存、条理、编校和刊刻，其中主要是审取和广存。审取，就是选文章要有严格的标准，这是本书成败的关键。魏源认为"书各有旨归，道存乎实用"，以下几种情况不选取：第一，凡适合于古代不适合于今天，或泛泛而论不切实际者不选；第二，凡在前朝有用而今天没用的不选。也就是说，他选文章的标准是有用，而且是对当时有用，否则，一概不选。一切以实用和适用为标准，严格地把握了"经世"的原则。广存，就是在符合选录条件的前提下，取材要广泛，各种观点都要收入，以便集思广益，择善而从，更好地发挥实用的价值。

按照这一标准，《皇朝经世文编》共选文章2236篇，涉及作者702人，文章的选取范围是从清初到道光五年的各家奏议、文集、方志等文献。全书分为学术、治体、吏政、户政、礼政、兵政、刑政、工政8个门类。每个门类下再分若干子目，如"户政"门分理财、养民、赋役、屯垦、八旗生计、农政、仓储、荒政、漕运、盐课、榷酤、钱币12个子目。"工政"门分河防、运河、水利通论、直隶水利、直隶河工、江苏水利、各省水利、海塘 8 个子目，每个子目下选几篇或几十篇相关的文章。从全书各门类所占的分量来看，以户政、工政、兵政为最多，这与当时急需解决的现实问题是完全一致的。因此，《皇朝经世文编》是一部名副其实的、以解决现实问题为出发点和编选原则的经世巨著。

《皇朝经世文编》虽主要是选编别人的文章（其中魏源本人的文章有十七篇），但它对魏源本人的影响却是巨大的。首先，魏源在选编的过程中，必然认真研读过入选的两千余篇文章，否则就不可能贯彻"审取""广存""道存乎实用"的原则，更不可能将如此浩瀚的文章分门别类地编辑成书。还有一点可以肯定的是，他在编辑过程中阅读的文章远远超过入选的两千余篇，而这些文章都选自清代各类丛书、类书以及各家文集、各类奏疏、各地方志等。因此可以这样认为，魏源为编《皇朝经世文编》，大体上将清朝初年至道光五年间有关的经世文献浏览了一遍。虽然不可能每部书都看过，也不可能每部书中的每篇文章都读过，但仅就主要的著作和文章而言，其数量也是极为惊人的。这样大规模的阅读极大地改变了魏源的知识结构，使他对清代以来的经世之学熟烂于心，奠定了他由经学健将转为经世大师的知识基础。魏源早年虽受湖湘文化的影响，有经世致用的理想，但他在道光五年进入贺长龄幕府之前，下过大功夫的还是经学，对经世之学了解并不多。他能在进入幕府之后，很快就跻身于经世派的骨干行列，在漕运、盐政、河工等方面提出诸多可行的改革建议，并得到经世派大家包世臣的赞赏，这些都与编辑《皇朝经世文编》分不开。

其次，魏源在编辑《皇朝经世文编》的过程中，广泛浏览，博采众长，批判地吸收、继承了前人的意见和建议，使自己能站在前人的肩上，提出更切实可行、有利于民生的改革方案。如有关漕运、盐政、河工的文章都是文编选录的重点，这些文章提出的建议对魏源后来的改革方案有直接的影响，甚至可以这样说，魏源在此后所提出的大部分改革方案都有前人的影子，是几代人智慧的结晶。有些建议本来很有见地，在当时可能因为种种原因无法实现，现在时过境迁，实现的可能性又增大了，后来者结合当时的形势重新论证和设计，并付诸实践，取得了成功。这固然是后来者的功绩，但也不能忘记前人的探索和心血，即便是前人探索的错误，也能防止后来者重蹈覆辙。魏源能站在前人的肩上，那也是他超出常人之处。

《皇朝经世文编》的编辑和刊行，直面当时严峻的社会现实，迎合了当时经世致用学风的兴起，很快得到了学界的好评和赞誉。经学大师俞樾评价此书"数十年风行海内，凡讲求经济者，无不奉此书为矩矱，几于家有其书"。在魏源的家乡湖南，更是"三湘学人，诵习成风，士皆有用世之志"。甚至流传这样的诗句："欲把人间万病除，《皇朝经世》一编书"。晚清名臣左宗棠早年在湖南乡下时便熟读此书，并在咸丰三年（1853）给自己的女婿陶桄（两江总督陶澍之子）信中，将此书视为"体用俱备，案头不可一日离也"的必备著作。

更值得关注的是，此书的刊行，极大地扭转了当时空疏烦琐、不问时事的学风，使经世致用之风逐渐成为学界主流。特别是在鸦片战争和太平天国之后，面对内外交困的严峻形势，在经世学风哺育下，在血雨腥风中成长起来的一大批汉族地主官僚，更是将经世致用转变为富国强兵的洋务运动。而与此相适应，仿照《皇朝经世文编》体例和原则编辑而成的其他经世文编接踵而出，不绝如缕，如《皇朝经世文续编》《三编》

《四编》《五编》《新编》《统编》《蓄艾文编》，一直到《民国经世文编》，有人统计有十九种之多。这些蔚为壮观的后续者，正是对魏源《皇朝经世文编》及经世学风的继承和发扬。虽然它们所选的文章已远远超出《皇朝经世文编》的范围，但《皇朝经世文编》的筚路蓝缕之功自不可没。总之，《皇朝经世文编》的编辑和刊行，既是魏源经世思想成熟的标志，也是晚清经世派全面崛起、走上历史舞台的标志，在中国近代思想史和学术史上都有着重要的意义。

二、惟海运可培国家之元气

漕运、盐政、河工是清代关系国计民生的三大政，嘉道年间已弊端丛生，到了非改不可的地步。魏源在贺长龄、陶澍幕府期间，直接参加了当时正在进行的各项改革，将自己的经世思想付诸实践。在这一过程中，他本人由一个理论家变成一个实干家。

漕运即通过大运河将南方粮食（清代供应漕粮的有山东、河南、江苏、浙江、安徽、江西、湖北、湖南八省）运到京师。这是一项庞大的系统工程，涉及征收、运输、仓储等诸多环节，清政府为此设置漕运总督专司其责，辅以河道总督负责运道畅通。如果再加上沿途负责的官员、胥吏，以及直接从事运输的旗丁、士兵、水手、船工，直接参与或以漕运为生者达数十万人之多。

漕运自开办以来就弊端丛生，到嘉道年间更是积重难返，非改不可。其存在的主要问题：一是运输迟缓，运费太高。沿运河自扬州至通州，必须经淮河、黄河等河道，节节盘坝、驳运，每次耗时数月，运一石米须花费数石米的费用。如果再遇到黄河、淮河发生洪水或干旱，运道被阻塞，漕运就更受影响。二是各级经管漕运的官员和参与漕运的丁役水手从中盘剥和勒索，极大地加重了政府的财政开支和人民的负担。

鉴于漕运弊端显而易见，自清初开始，改漕运为海运（将漕粮通过海上运至天津）的呼声就不绝于耳。但由于漕运涉及面太广，已形成一个庞大的以此为生的利益集团，改革的难度极大。清廷曾几次下诏议行海运，都遭到强有力的反对，无法实施。道光四年（1824），因洪泽湖高堰溃决，河水外泄，造成运河水位下降，从高邮、宝应到清江浦一段水道浅涸，无法行船，河运陷于瘫痪。为保证京师的粮食供应，道光皇帝下诏令朝臣商议漕粮改海运之事。

当时贺长龄任江苏布政使，魏源在贺长龄幕府做幕僚。贺长龄是海运的坚决支持者，但两江总督魏元煜则表示反对，认为海运之法，诸多窒碍，盘坝较海运更为稳妥。为了说服魏元煜支持海运，魏源代贺长龄写了一篇《复魏制府询海运书》，详细阐明了海运之利，并解答了有关海运的种种疑惑。魏源认为，海运之事，其有利者有三项，即国计、民生、海商。所不利之人也有三种，即海关税侩、天津仓胥、屯弁运丁。而这三种人以海为挟，使人不敢行海运的理由有三：风涛、盗贼、霉湿；以人为挟，使官不能行海运的理由也有三：商船雇价、仓胥勒索、漕丁安置。因此，必须洞悉海之情形与人之情伪，而且权衡时势之缓急，然后才能明白难行者无不可行，而且不得不行。

接着，魏源从海运的历史和当时的客观条件分析了海运的可行性。他指出，元代创行海运，十年间三次变道；明朝有人力主海运，也因海道不熟而作罢。当今海禁大开已有一百三十余年，辽海、东吴近若咫尺，朝洋暮岛如同内地，则海道无须探访。元初造平底海船六十艘，运四万六千石，其后每年增造，费用无算。现在上海沙船及浙江蛋船、三不像船，以及天津卫船，自千石以至三千石者，不下二千号，皆坚固完整可以使用。通算每船载米千余石，一次即可运二百余万石，两次即可将全漕运完。若是只运苏州、松江、常州、镇江之粮，更是绰绰有余。如此则船不待制造。元初以开河卫军及水手数万共同承担漕运，并招海盗以控制其众。而今江浙船商，皆上海、崇明等处土著富民，出入重洋，从无侵漏，每年关货往来，并无客商监载，从未欺骗爽约，更何况是漕粮？船民争先输诚，无须烦劳监运之吏，则不需另外招募兵丁。明年海运，即以旗丁津贴移作雇用沙船之费，则不需另外筹集费用。在这里，魏源从海道、船只、船民、费用等几个方面论述了当今海运的可行性，应该说很有说服力。

针对有人以"盗贼""风涛""霉湿"为由来反对海运，魏源更是给予痛斥。他指出，闽、浙、南洋水深多岛，盗贼容易出没，所乘的皆是船锐底深的鸟船。北洋水浅多礁，非乘平底船熟悉沙线者不能航行，所以，南洋之盗不敢越吴淞而向北。当今南洋尚无盗贼，更何况北洋？关于"风涛"，魏源指出，大洋飓风，多发生在秋冬，春夏东南风有利于行船，不会有风险。至于"霉湿"，魏源也给予有力的驳斥，他指出，运河运粮经数月才达通州，积久蒸热，更易霉变，而沙船抵达天津，不过十几天。如果说海风易使货物霉变，海水有盐分易使货物潮湿，那么，沙船常年运载最易发霉的茉莉、珠兰，最易受潮的豆、麦往来于南北方，却从未发生过霉变、受潮之事，唯独大米一经海运便霉变、潮湿，哪有这样的道理？而且，北洋的风寒冷干燥，不像南洋的风温暖潮湿，海船又都是舱底有夹板，船舷有水槽，下面有出水孔，水从槽入即从孔出，舱中从不潮湿，完全不必疑虑。

在详细论述海运的可行性之后，魏源认为海运能否实施的关键，在于上海、天津两地是否有得力的人选，得其人则能行，不得其人则不能行。海船从吴淞装载，从天津卸载，两地出口入口，实在是海运始终的枢要。若上海关不得其人，则船数可使用多者故意少用，商情本可愉悦者故意使之畏惧，雇船之费本可省者故意昂贵。若天津收兑不得其人，则干米可变潮湿，斤两可使短缺，船回空时间可使延迟。上海牙行、天津仓胥因海运利益大受损失，岂肯甘心？所以，创议之初，出全力为难者，必是上海关之人；既行之后，暗地里阻挠使前功尽弃者，必是天津通仓之人。此外，还有屯弁运军，也因行海运废漕运，于己不利，出来反对。

尽管魏源的这份《复魏制府询海运书》，对海运的可行性进行了极为详细有力的论证，并驳斥了种种阻挠海运的论调，但并未能打动固执己见的两江总督魏元煜。在反对海运的声浪中，协办大学士、户部尚书英和力排众议，赞成海运，提出通筹漕河全局，请暂雇海船，以减轻漕运的负担；酌情减少漕粮份额，以便用来治河。道光帝将英和的方案发往各省商议，结果各地官员互相推诿，半年没有成议。道光五年，道光帝将魏元煜等反对漕运的官员革职，采纳了英和的雇商船海运的建议，调琦善任两江总督，陶澍为江苏巡抚，与贺长龄一道负责海运事宜，这样，魏源也才有了用武之地，得以参加这次海运的全过程。

道光六年春，在陶澍、贺长龄等大员的亲自主持下，在魏源、包世臣等幕僚的协助下，苏、松、常、镇、太仓四府一州漕粮试行海运，取得成功。魏源在此后写的《道光丙戌海运记》中对这次海运的经过和成功经验进行了总结。他认为，这次海运优于元代海运的原因有三点：一是因海用海，二是因商用商，三是因舟用舟。其优于河运者有四利，即利国、利民、利官、利商。原来河运有剥浅费、过闸费、过淮费、屯官费、催攒费、仓胥费，朝廷既要出百余万漕项用于公费开支，地方上仍再出百余万帮费以满足各种私欲。这次船不经内地，不经层层中饱，所以，运米一百六十余万石而费用只有一百四十万两，与河运相比，三省其二。

按照陶澍、魏源等人的设想，本应在这次海运成功的基础上，进一步扩大范围，把漕粮海运推广到南方有漕各省，并定为永制。但是，守旧的利益集团却仍然顽强地要恢复漕运。在道光七年运河重新挖通能行船后，又恢复了漕运，各种积弊依然如故。魏源对此极为忧虑，他在道光八年代陶澍写的《复蒋中堂论南漕书》中再次提出永行海运的主张。蒋中堂，即蒋攸铦，道光五年拜体仁阁大学士，充军机大臣，时任两江总督。魏源在此文中首先分析了阻挠海运永行的三个理由：一是军船之丁役难散，二是天津、通州之收兑难必，三是海商之经久难恃。然后一一进行驳斥，并提出具体的解决办法。魏源还用漕运扰官累民及贪污中饱的事实，从反面说明漕运不可行，海运应永行。最后，他恳切呼吁：天时人事，穷极变通，舍海运别无事半功倍之术。尽管魏源这篇"永行海运"的信，帮陶澍说动了蒋攸铦，蒋也成了海运的积极支持者，并上奏朝廷请行海运，但漕运的既得利益集团势力过于庞大，难以撼动。魏源作为一介幕僚，又能徒唤奈何？

但魏源改漕运为海运的热情并未完全熄灭，他此后仍利用一切机会揭露漕运的弊端，宣传海运的好处，希望自己永行海运的愿望能够实现。道光二十六年（1846），他作《钱漕更弊议》，上书江苏巡抚李星沅，指出江苏漕费之大，州县之累，日甚一日。其弊端有三类，即明加、暗加、横加。第二年，陆建瀛任江苏巡抚，魏源又作《上江苏巡抚陆公论海漕书》，一开始就极力坦言："前日面称江苏漕弊，非海运不能除，京仓缺额，非海运不能补，请将苏、松、常、镇、太仓、江宁五府一州之漕粮，酌行海运。"在分析漕运之弊和海运之利后，魏源断言："惟海运可再造东南之民力，惟海运可培国家之元气。"魏源对海运的执着和坚持真是令人感动。

漕运改革是嘉道年间经世派主持的重大改革之一，虽然由于漕运既得利益集团的阻挠，半途而废，但改漕运为海运的大方向是完全正确的，经世派为此作出的努力也是值得充分肯定的。在这场颇有声势的改革中，魏源虽只是一介幕僚，仍发挥了特殊作用，具体表现在三方面：第一，事前极力揭露和抨击漕运弊端丛生，而且无法克服，极力论证和宣传海运的必要行和可行性，对阻挠海运的种种借口一一进行驳斥，为实行海运作舆论引导和宣传。第二，事后对海运的经过和成功经验进行总结，为永行海运提供现实的依据和经验。第三，在漕运恢复、海运中止之后，对海运的热情依然不减，为此，他先后向两任江苏巡抚李星沅、陆建瀛上书，力陈漕运之弊，力求永行海运，并发出"惟海运可再造东南之民力，惟海运可培国家之元气"的强烈呼吁。魏源为漕运的改革可以说倾尽了全力，成败虽无法预料，但他为国分忧、为民谋利、除弊兴利的精神和执着态度值得后人敬仰。

三、非变法曷以裁费

道光十二年（1832），魏源又协助陶澍在淮北进行盐政改革，取得了明显的成效。这次改革的复杂性、艰巨性丝毫不亚于漕运改革，在改革中魏源的经世思想也进一步成熟和完善。

盐政，即国家管理盐业生产、销售的各种制度。由于食盐是民众生活所必需的物质，盐税又是国家赋税的主要来源之一，因此，盐政历来被视为国家大政。清朝盐政基本上是沿袭明朝旧制，实行纲盐制。所谓纲盐制实际上是政府特许下的商人专卖制，由政府对一些资力雄厚、保证承担运盐和纳税义务的商人，授予在一定区域内运销额定数量食盐的专卖权。盐商必须按规定按年缴税，并销完所领的食盐，否则即被取消专卖权，并且还必须以其家产抵充所欠税额。在这种垄断制度下，各地区的盐商与政府管理盐业的盐官盐吏相互勾结，形成许多势力很大的利益集团。由于政府历来视盐业为利益渊薮，因此，对盐商的勒索也不遗余力。盐商除了按照规定税额缴纳盐税外，还要承受各种名目的捐派和"报效"（无偿向政府出钱），而且数目庞大，漫无节制。盐商为了转嫁负担，就不断提高盐价。盐价的飙升，加重了人民的负担，引起越来越严重的食盐走私。盐价越高，走私越严重，官盐的销售越困难，最后会导致盐商歇业，盐税减少，极大地影响国家收入和民众生活。

清代两淮盐区所产食盐行销江苏、安徽、江西、湖南、湖北、河南六省，占全国的三分之一，盐政弊端尤为突出。主要表现为私盐的倾销与泛滥、产盐量下降、产销制度过于烦琐、盐政腐败愈演愈烈。盐商因无利可图，逐渐失去了经营的积极性，从数百家减少到数十家，官盐严重滞销，盐税收入大为减少。盐政陷入国、商、民三输的绝境，到了非改不可的地步。

盐政弊端的积重难返，引起了经世派的高度关注。早在嘉庆末年，包世臣就主张废止无药可救的纲盐制，而代之以民间散商纳税后自由运销的票盐制，但他的主张长期未被采纳。道光十年，陶澍任两江总督，不久又兼署两淮盐政，盐政改革才真正提上日程。魏源当时任陶澍幕僚，直接参与了这次盐政改革。魏源认为，盐政改革的关键是"变法"，也就是废除病入膏肓的纲盐制。由于当时私盐泛滥，一般人都把重点放在缉私上，而魏源则认为这并非问题的根本所在，官盐抵不过私盐，要害在于官盐价高本重，如果不减价轻本，虽缉私而无益。官盐价高本重又是纲盐制本身委曲繁重、便于中饱蠹蚀的结果。据此，他非常简明扼要地指出："非减价曷以敌私？非轻本曷以减价？非裁费曷以轻本？非变法曷以裁费？"只有"变法"才能解决根本问题。他主张以票盐制来代替纲盐制，实质是要打破纲商对淮盐运销的垄断，改成商运民贩；同时化繁为简，尽可能减少官僚机构在淮盐运销过程中插手和干预的环节，以最终达到成本减轻、盐价降低、不治私盐而私盐自绝的目的。

道光十二年，两江总督陶澍先后在淮北四十二个州县试行和推广票盐制，其主要做法是，一、改官营为允许商人自由经营，政府设局收税。由盐运分司印发三联票，一份为运署票根，一份留分司存查，一份给民贩行运。民贩纳税请票时，票上填上其姓名、籍贯、运盐引数、运销的州县，票与盐不得相离。自十引至百引以上为一票，每四百斤为一引。只要在盐场交付地价和税款，就允许商人贩运到本地区范围内自由售卖。二、裁汰浮费，减轻课税，以降低盐价。三、为防止运输过程中因多次将食盐改包而造成的损失，改变运输路线，同时规定盐包出场后沿途改道不改捆，直接运往口岸。如果在指定的区域销售不畅，在实行票盐制的区域内还可以转运到别处销售，从而避免了原有的各种繁杂的查验手续和费用。

陶澍、魏源在淮北的盐政改革取得了明显的成效。不到四个月，商人共领销贩运三十余万引，堆积滞销的场盐被购买一空，盐价也下降至原来官营纲盐的一半以下，真正达到了抵制私盐、增加国家收入、减轻人民负担的目的。陶澍还准备将票盐制推广到淮南，由于阻力太大，未能实施。但魏源此后对盐政改革仍极为关注，先后作《淮北票盐志略》《淮南盐法轻本敌私议》《筹盐篇》《淮北票盐记》等，全面总结和论证票盐制的优越性。道光二十九年（1849），湖北武昌塘角发生火灾，烧毁盐船四百余号，损失五百余万两，群商请退。次年，两江总督陆建瀛请求仿照淮北改革的成例，改行票盐制。当时魏源在兴化知县任上，兼淮北海州分司运判，成为这次盐法改革的策划者和主要参与者。开办数月，楚西各岸盐价骤降，百姓欢声雷动。后因太平天国起事，盐政改革又半途而废。

由于地位所限，魏源在道光年间的盐政改革中只能充当配角，但他在这次改革中所体现出来的思想仍有独到之处。第一，他坚持以变法来除弊，以变法来治本。他认为"天下无数百年不弊之法，无穷极不变之法，无不除弊而能兴利之法，无不易简而能变通之法"。当人们只把眼光盯在私盐泛滥之时，魏源已看出私盐泛滥背后的更深原因，那就是成本过重引发的盐价过高，才使私盐有可乘之机。因此，他设计出减价以敌私、轻本以减价、裁费以轻本、变法以裁费的改革思路，一下子抓住了盐政改革的关键，反映出一位改革家高瞻远瞩、洞彻根本的优秀品质。第二，化繁为简，改革的办法要简单易行，简易才能有利于民。魏源认为："弊必出于烦难，而防弊必出于简易。"又说："法不易简者，不足以宜民，非夷艰险而勇变通者，亦不能以易简。"魏源的"简易"思想主要来自《易经》和《老子》，看似平常，其实包含着深刻的哲理和现实意义。历史上很多看似惠民的措施，之所以在实施中适得其反，不但未能利民，反而变成扰民害民之举，大多与这些措施过于烦琐复杂有关。以盐政为例，当初设计的许多繁杂的检查稽核环节，本是用来防弊，结果这些环节本身却成了弊端的渊薮。历史的辩证法往往就是这样无情。大道至简，魏源的"简易"改革思想其实并不简单，而是他在对各种社会弊端深入考察之后深思熟虑的结果，是他改革思想成熟的表现。

另外，魏源参与盐政改革还有一个意外的收获，那就是自己做起了票盐生意，并获利甚丰。原来，票盐初行时，商贩顾虑较多，议论纷纷，陶澍便先让衙署里的官员领运，以示官为倡导，魏源也在"倡导"之列。本来，票盐初行时，手续简单，获利甚厚。可魏源一介书生，不谙商贾，一开始亲手经理，连年负累，几乎身家荡尽。后来，他找到一位有心计的湖北人徐某合伙，一切交给徐某经营，才逐渐扭亏为盈，而且获利甚多，以至于在道光十五年斥巨资在扬州买下絜园，有了一处能安心读书会友的住所，《圣武记》《海国图志》等鸿篇巨制都是在此完成。因此可以说，魏源也是这次盐政改革的直接受益者。

四、断非改道不为功

道光二十二年，魏源在《筹河篇》中预言黄河非改道北流不可，而且建议用人改道的方法来减少损失。十三年后，即咸丰五年，黄河竟真的从河南兰仪县（今兰考县）铜瓦厢决口，改道北流，夺大清河入渤海。这不仅仅是巧合，也不是魏源能掐会算，而是他在长期观察研究之后作出的准确预测。仅此一件，足见魏源对黄河认识之深。

自古以来，黄河的治理就是关系国计民生、社会稳定的大政。清代为了"保漕济运"，对治理黄河更是竭尽全力，不惜代价，但巨大的投入换来的却是愈来愈严重的河患。道光年间黄河的溃决越发频繁，已到了无药可救的地步。道光二十一年（1841）六月，黄河在祥符（今河南开封）决口，次年二月才堵塞。就在这一年，魏源写下了《筹河篇》，系统地总结了黄河治理的经验教训，并提出了自己的治河方案。

在魏源看来，黄河的治理，不能只着眼于决口是否堵塞和堵塞后是否还会溃决。这是因为，无论塞于南岸难保不溃于北岸，塞于下游难保不溃于上游，即使一次堵塞之后，十年、数十年不溃决，而每年治河费用高达五六百万两，竭尽天下之财赋以治河，古今有此漏卮难填之政乎？因此，只有改道才是根治河患的唯一出路。

接下来，魏源从两个方面分析了清代以来治河费用不断增长的原因。从朝廷治河开支来看，乾隆末年，每年的治河经费尚不超过二百万两。但自嘉庆十一年后，岁修、抢修之费倍增，岁修既增，另案也跟着增加。从嘉庆十一年至今，共三十八载，姑且以每年增加三百万两计算，已超过旧额万万，更何况意外大工之费，自乾隆四十五年至今，更是不可数计。从治河方法和治河机构来看，自靳辅以后，河臣不治入海口，而只关心泄涨，盛涨之黄水愈泄，河中心之水流愈缓，海口渐渐淤垫，河底也逐渐增高，则又不得不以增高大堤来对付。自下游到上游，自一二年到数十年，河床越高河堤也随之增高。如此一来，每年的加堤之费、另案之费、湖堰之费也都随之剧增。现今每年两河（当时黄河从江苏入海，河南段黄河称东河、江苏段黄河称南河）另案岁修，南河计四百万两，东河二三百万两。更为严重的是，溃决堵合的费用可以计算出来，不溃决而虚靡之费，习以为常，根本无法计算。河堤日益增高，河工日益险要，一个河道总督不能兼顾，于是分设东河河道总督和南河河道总督，其下也相应增设各道、各厅。康熙初年，东河只有四厅，南河只有六厅，现在东河增至十五厅，南河增至二十二厅，凡南岸北岸皆一分为二。厅增加营亦增加，治河官员达数百人，河兵一万数千人，皆比以前增加数倍。更有不肖之徒，甚至盼望着黄河出事，有险工有另案能从中牟利。

治河费用的急剧增加，带来的必然是国困民穷。鸦片泛滥是当时中国的最大祸害，魏源竟将河工之弊与鸦片的危害并论，指出鸦片是耗尽民财的大漏勺，河工是耗尽国库的无底洞。由于长期以来治河官员只管加高河堤，导致两堤中间，高于堤外四五丈，即使全部流入海口，也不能保证千里长河在数月之间畅通无阻。下游固守，则溃决于上，上游固守，则溃决于下。为此，魏源明确表示，由今之河，无变今之道，就是大禹复生也无法治理。断非改道不为功。人力预先改之，此为上策，否则只能等待老天爷自行改之。

至于如何改道，魏源通过研究发现，黄河自古决于北岸者，其堵塞之难，皆事倍功半，因此，黄河河势利于北流而不利于南流，则明如星日。黄河若北决，必冲张秋，贯运河，归入大清河入海，因此，大清河足以容纳黄河之水，又明如星日。倘若当时的河臣明古今，审地势，将开渠塞决的费用，拿来因势利导使河北流，则真是千载难遇的好机会。不过今日之黄河，也不用担心其不改道北流。假使南河尚有一线可治，十余年不决口，还可以迁延日月，从容应对。现在的情况是无岁不溃决，已到了非改道不可的地步。人力纵不改，河亦必自改之。然而改道不可改于南岸，也不可改于下游徐州、沛县之北岸。只有决于上游北岸，如兰阳（兰阳县，道光五年改名兰仪县，但时人仍习惯称兰阳）、封丘之地，夺流入大清河，则大善；若再往上决于河南武陟则更是善中之善。到那时，黄河河势已不可能再挽回南行故道，朝廷又无法筹集治河费用，非因败为功不可。

魏源寄希望于黄河北流来根治黄河，自然是一步极为大胆的险棋。他也明白，在当时的条件下，靠人工来改道必不能成。他分析原因是，河员惧怕裁缺裁费，必然首先起来反对；那些畏事规避之臣，害怕承担责任，必然以成规旧例来阻挠。一人倡议，众人侧目，未兴天下之大利，而身先犯天下之大忌。塞河决之口易，塞悠悠之口难。只有黄河一旦从开封以上北岸决口，国家又无力挽回淤高之故道，朝野舆论也没有办法阻挠建瓴之新道，到那时才能因败为功、成就这不幸中之大幸！

把黄河改道北流作为根治黄河的办法并非始自魏源，在他之前，这样的言论就有不少。魏源基于对黄河河势和长期以来治河经验教训的分析，坚持把改道作为治河的根本出路，这其实也是他"变古愈尽，便民愈甚"思想的体现。他明言"由今之河，无变今之道，虽神禹复生不能治"，只有从黄河的现状出发，不拘泥于前人的治河成规，抛弃已经完全失效、劳民伤财的旧法，才能找到治河的出路。咸丰五年，黄河从河南兰仪北岸决口，改道北流，魏源的预言变成了现实。当时还健在的魏源，不知作何感想。只不过，魏源因极力主张黄河北流，对北流的前景过于乐观，哪承想改道之初正赶上太平天国起义，清政府根本无暇顾及，任凭黄水漫流，直到三十年后，黄河下游大堤才逐渐修成。这期间，山东沿河民众遭受了巨大损失，这也许是极力主张黄河北流的魏源所没有想到的。

除黄河外，**魏源**对其他大江大河的治理也有许多真知灼见。当时直隶境内的漳河、永定河也几乎岁岁溃决，与黄河一样难治。魏源通过研究治河成案，询问当地老人，认识到漳河之水宜北不宜南，永定河水宜南不宜北。水性就下，其行必由地中。而近期治河者皆反其道而为之，逆水性，逆地势，难怪越治越严重。有鉴于此，魏源提出，治理直隶境内的漳河、永定河，以不筑堤为上策；顺其性，作遥堤（近水之堤称缕堤，缕堤之外距水较远的大堤称遥堤）者次之，强迫使水往高处流，愈防愈溃，是为无策。

为何不筑堤而能治水？这是因为漳河、永定河两岸皆是沙土，无法筑堤，勉强筑堤，也是旋成旋溃，即便侥幸不溃决，也是愈淤愈高，若遇盛涨溃决，必建瓴而下，其害十倍于未筑堤之前。还有一个重要原因是，水退之后，两岸土地皆成沃土，更有利于耕种，当地人称之为铺金地，来年夏麦的好收成能弥补秋季的损失而有余。因此，对漳河、永定河的治理，就是要"任其所之而后安"，也就是任凭河水顺水性四处漫流，不需要人为地筑堤控制，最终达到"不治而治"的目的。如此治河方法，非了解河性及治河历史者不敢提出。

历代以来，只闻黄河之患不闻长江之患，但嘉道以来，长江流域也告灾不断，大江南北，漂没田舍，浸没城市，请赈请缓者几乎年年都有，长江之害几乎与黄河等同。魏源在《湖广水利议》《湖北堤防议》中对此原因分析道：一是上游盲目开垦，造成严重的水土流失。大量泥沙流入河道，导致河床变浅，一到汛期，就泛滥成灾。二是两岸居民筑圩捍水，围湖造田，与水争地，使洪水无处宣泄和蓄存。针对以上原因，魏源提出的治理办法是：一，分洪泄水；二，禁止围湖筑圩，拆除阻碍排洪泄水的堤垸，并将低洼地区退田还湖，蓄洪泄流。魏源的这种治河思路对今天长江中游水患的治理仍有借鉴意义。

魏源长期在江南生活，在陶澍幕府及晚年任州县官期间，还亲自率领过民众治水，因此，他对江南水利最为熟悉，提出的治水方案更具体。他在《上陆制府论下河水利书》中，对运河与周围河、湖水系的关系发表了精辟的意见。在《江南水利全书叙》《三江口宝带桥记》《东南七郡水利略叙》等文章中，对杭、嘉、湖、苏、松、常、太地区的水利问题也有具体的建议。如他针对太湖流域北部镇江、常州和南部湖州、杭州地势高，嘉兴、苏州、松江、太仓中间低洼的特点，主张沿湖州县大修圩田，使外水不入湖，而湖水高于江，江水高于海，以保证能畅流，能泄洪。

嘉道年间，河工与漕运、盐政一道成为关系国计民生的大政，经世派代表人物如陶澍、林则徐、包世臣等皆是治河名家。魏源作为他们中间的一员，对河工问题也极为关注，他不仅对黄河、漳河、永定河、长江的治理有精辟的见解，还亲自在江南参与多项治河工程，可以说，在治河方面，魏源既有理论，又有实践，所提出的治河方案也多符合实际，有一定的可行性。因编辑过《皇朝经世文编》，魏源对清代以来大江大河的治理方案及经验教训极为熟悉，故能在借鉴前人的基础上，一下子抓住要害，提出有针对性的建议。更为重要的是，魏源在治河问题上，始终坚持变革的原则，不拘泥于成法，不迷信权威，而是将河性、水性、地势等自然因素与国力财力、河工利弊等社会因素结合起来，综合考虑治理方案，力求在顺应河势的基础上，节财、便民、除弊、兴利。当时盛行的治河方法就是筑堤束水，千方百计地将洪水控制在大堤之中，其结果是，河堤越修越高，费用越来越大，一旦溃决，危害更大。而魏源则另辟蹊径，根据不同河流的特点，有针对性地提出适合的方案，对黄河寄希望于改道北流；对漳河、永定河则是"任其所之而后安"，不治而治；对长江中游，则退田还湖，不与水争地；对江南水利更是因地制宜，不拘一法。魏源的治河思想是他哲学思想、变法思想在治河问题上的具体反映，处处体现出变革的时代特征。

第 6 章

师夷长技以制夷

魏源一生没有当过什么大官，也没有对内对外的赫赫战功，但他在中国近代史上却有着极高的知名度。时至今日，凡具有中等文化程度以上的中国人，大多知道他的大名。这其中最主要的原因就在于他编写了一部划时代的巨著——《海国图志》。此书因魏源而面世，魏源因此书而出名。可以毫不夸张地说，除去其他所有的著作，仅凭这一部书，魏源就可以在中国近代史上不朽。

一、战和谁定算

道光二十年（1840）六月，英国发动了侵略中国的鸦片战争。英军在封锁广州之后，进攻厦门，攻陷定海，北犯大沽。道光帝在惊恐之余，派琦善到广州议和，将主张抵抗的林则徐、邓廷桢革职查办。魏源当时仍在两江总督府做幕僚，他不仅时刻关注着这场战争，还先后随钦差大臣伊里布、裕谦前往前线，在直接参与战事的同时，开始思考中国战败原因和战后的对策，由此成就了他晚年的辉煌。

同年秋，钦差大臣伊里布前往宁波视师，魏源应友人之邀至军中，亲自审问英军俘虏安突德，然后根据供词并旁采他闻，写成了《英吉利小记》。此文虽仅有两千多字，但内容涉及英国的地理概况、物产税收、军队建制、岁饷、国都、人种、礼仪、婚俗以及当时女王的有关情况等，后收入《海国图志》。

　　次年一月，道光帝下诏对英宣战，任命裕谦为钦差大臣专办浙江攻剿事宜。裕谦长期在江苏做官，了解魏源的才学，再加上林则徐的推荐，便将魏源延至幕府。不久，裕谦还上书奏调已被革职的林则徐来浙江襄办军务。

　　裕谦在浙江首先遇到的是定海防守问题。定海位于镇海东面的舟山群岛，易攻难守。魏源认为，定海孤悬海中，此前已被英军攻陷过，这次英军来犯，不必固守，不如把兵力集中到浙江沿海的城市，加强镇海、宁波等地的防务，但他的意见未被采纳。在如何防守上，总兵葛云飞、郑国鸿、王锡朋主张三面以山为城，只修一面城墙，且包市埠于城内。魏源表示反对，他认为，天下无一面之城，英军一旦翻山而入，就进入了城内。如果山上设防，用于防守的兵力就要增加，兵力必然分散，而且山势险峻，士兵上下奔波，必然疲劳。若只环绕现有的内城，不依山为城，就能够做到"城足卫兵，兵足卫城"。裕谦虽坚决主张抵抗，但他当时坐镇镇海，并未到定海实地考察，只是根据地图来指挥，最后同意坚守定海和依山修城的意见。

　　道光二十一年八月，英军进攻定海。正如魏源所料，英军在用舰炮正面进攻的同时，派兵从侧翼翻山攻入城内，三总兵英勇抵抗，先后战死，定海再次陷落。清军退守镇海，浙江提督余步云所据守的招宝山，是英舰进入浙江的必经之地，战略位置极为重要，可他毫无战意，见英军一到，即率先逃走。结果，总兵谢朝恩战死，裕谦在镇海失守时投水自尽，镇海、宁波相继陷落。余步云后来被清廷处斩。

在英军进攻定海之前，魏源见自己的建议不被采纳，在军中无所作为，就辞归扬州。

二、以西洋人谈西洋

道光二十一年（1841）八月，再次被贬发配到新疆的林则徐，在镇江与老友魏源相遇。此时此刻，"万感苍茫日，相逢一语无"，两人有太多的话要说，可又不知从何说起。"聚散凭今夕，欢愁并一身"，今日相聚，也许就是永别，怎不令人百感交集，欢愁并生，不光为自己的遭遇，更为国家的前途和命运担忧。临别之际，林则徐将自己在广州主持翻译的《四洲志》手稿郑重交给魏源，嘱托他进一步收集资料，编写成一部帮助中国人了解世界的著作。林、魏二人的镇江一晤，将孕育出中国近代史上一部旷世巨著。林、魏之谊也成为中国历史上千古传诵的佳话。

魏源在接受林则徐的委托后，立即开始收集资料，在《圣武记》脱稿后，就全力以赴地进行编著，经过五个多月的努力，终于在道光二十二年十二月完成《海国图志》五十卷，这便是《海国图志》的第一个版本。此版本目前不易见到，湖南省图书馆和华东师范大学图书馆有珍藏。

在叙言中，魏源对本书的资料及编写目的都有明确的说明。《海国图志》五十卷所依据的资料，一是前两广总督林则徐所译的《四洲志》，再据历代史志及明以来岛志及近日夷图、夷语。钩稽贯串，创榛辟莽，前驱先路。又以图为经，以表为纬，博参群议以发挥之。本书与过去的海国之书不同在于，此前诸书皆以中国人谈西洋，此书则以西洋人谈西洋。至于编著此书的目的，魏源毫不掩饰地指出："为以夷攻夷而作，为以夷款夷而作，为师夷长技以制夷而作。"

《海国图志》是以林则徐主持翻译的《四洲志》为基础扩编而成的。据统计，《四洲志》抄本全书约八万七千字，除删去一百多字外，其余都被魏源辑入《海国图志》各卷作为提纲，并分别注明"欧罗巴人原撰，侯官林则徐译，邵阳魏源重辑"。《海国图志》五十卷本全书约五十七万字，较《四洲志》增加五倍多。其增加的资料，大体可分为三类：一是历代史志和类书，如《元史》《明史》《皇清通考》《大清一统志》《册府元龟》《广东通志》等。二是元、明以来华人岛志和海外见闻录，如元代王大渊的《岛夷志略》、周达观的《真腊风土记》、邱长春的《西游记》、明代黄衷的《海语》、张燮的《东西洋考》、清代陈伦炯的《海国闻见录》、谢清高的《海录》、王大海的《海岛逸志》等。三是外人著作及近日的夷图、夷语。主要引自艾儒略的《职方外记》、南怀仁的《坤舆图说》等后被收入《天学初函》及《四库全书》子部杂家类各书，以及鸦片战争前出版的《贸易通志》《每月统纪》《英国论略》《美理哥国志略》等。

此外，《海国图志》五十卷本还辑录了当时中国人的一些著作，如台湾总兵达洪阿、兵备道姚莹的《台湾进呈英夷图说疏》、林则徐的《粤东章奏条约》、丁拱辰的《铸造洋炮图说》等。当然，最能体现本书宗旨的还是魏源本人的著作，主要是《筹海篇》以及从《圣武记》中节录的有关章节和其他专题考证文章。

魏源在《海国图志》五十卷本刊行后，继续收集资料，又在道光二十七年（1847）修订完成了六十卷本。除个别文字上的改动外，《海国图志》六十卷本增补的主要内容有两方面：一是大量辑录《万国地理全图集》，有四十八次之多。有学者认为《万国地理全图集》即是《万国地理全集》，德国传教士郭实腊著，道光十八年在新加坡出版。魏源称其世所鲜见，故辑录甚多。二是附录的资料大为扩充。辑录了诸如《仿造战船诸议》《火轮船图说》《仿铸洋炮说》《炸弹飞炮说》之类介绍西方军事技术的文章。

咸丰二年（1852），魏源对《海国图志》又进行了一次更大规模的修订，由六十卷增至一百卷，并在付印前写了一篇后叙，这就是后来最通行的咸丰二年百卷定本。夏剑钦在《魏源传》中，通过对《海国图志》五十卷本、六十卷本、百卷本的引书比较，发现百卷本增补的文献资料主要来自四部书：一是葡萄牙人玛吉士的《地理备考》。玛吉士曾在澳门葡萄牙当局任翻译，后又任法国驻华公使翻译。魏源从《地理备考》引录九十余处，约十二万字，为全书引文之最。二是《外国史略》，引录五十九处。三是《地球图说》。此书是一部关于世界地理的简明读物，图文结合，魏源引录此书三十四处。四是中国人徐继畲编著的《瀛环志略》。此书十卷，道光二十八年刊行，也是当时一本介绍世界各国的书籍，魏源从其中辑录三十处。魏源还用在广州、香港买到的地图册，增加一些新图，换去部分旧图。此外百卷本还增加了大量的附录资料。魏源对这次修订颇为满意，他在后叙中写道："于是从古不通中国之地，披其山川，如阅《一统志》之图；览其风土，如读中国十七省之志。岂天地气运，自西北而东南，将中外一家欤！"

从以上叙述可知，魏源的《海国图志》是以《四洲志》为基础，大量征引中外著作而编成的。据有人研究，从征引书目的种数上看，《海国图志》所征引的国人著作显然多于西人著作，约为七比一；但从书中实际征引资料的比重上看，西人著作大大超过国人著作，约为四比一。因此可以说，西人著作是《海国图志》的主干，这充分体现了《海国图志》"以西洋人谈西洋"的编辑原则，也是该书与以前诸多海外图志最大的不同。

至于《海国图志》征引西书的情况，有学者在研究后指出，从总体上看，我们可以说，魏源在编撰、修订《海国图志》这部巨著时，已经尽了一切可能，搜集、使用了各种能够得到的西书，而且尽力发掘那些尚未行世的中译抄本，密切注意新书出版动向，随时吸收新出西书的内容。《外国史略》是抄本，《平安通书》是最新西书。魏源尽到了那个时代中国知识分子研究世界地理所能尽的一切努力。《海国图志》是19世纪50年代以前，国人研究世界地理的优秀总结。更为可贵的是，魏源在此书的不断修订过程中，处处体现出用最新资料、精益求精的学术精神。《海国图志》从五十卷的五十七万多字，增加到一百卷的八十八万字，主要就是不断增补最新的西人资料。这就使《海国图志》越修订越能体现时代特征和进步意义，最终成为一部帮助中国人开眼看世界的名著。

除广泛辑录最新的西人资料外，《海国图志》在编辑体例上也有创新之处。从书名来看，《海国图志》应该是一部志书，但实际上它绝不是一部单纯的地理著作。它在体例上，以中国传统的典志体为主，同时采用论、图、表配合的编撰方法。打开百卷本的目录，卷一、卷二是魏源所作的《筹海篇》，属于论，总结鸦片战争的教训，提出了一系列政治军事主张，为全书的总纲领。卷三、卷四为世界各国地图，属于图。卷五至卷七十为全书重点，介绍世界各国情况，属于志。卷七十一至七十三为各国教门表和中西历法异同表，属于表。卷七十四至卷八十三分别为《国地总论》《筹海总论》《夷情备采》，属于论说。卷八十四至卷九十五全是介绍西洋制造技术的论说。卷九十六至卷一百是《地球天文合论》，也属于论说。由此可见，《海国图志》就是一部集志、图、表、论各类体裁为一体的综合性著作。

　　这种不伦不类的体例是魏源为了囊括所有海国资料而进行的创新，虽与传统史志体例不完全符合，但它能最大限度地包含所要介绍给国人的内容，最充分地表达编者了解西方、学习西方、战胜西方的深刻用意。正是这种独特的体例，将古今中外有关海国的各种记载、言论融为一体，使中国人在了解世界的同时，借鉴和学习别国的长处，最终实现"师夷长技以制夷"的目的。晚清有人评价此书："名曰舆地，以其援引秦汉史籍，博引证明，实兼海国、舆地、历史为一也，其体例颇合近代著史之法。"如果按现在的学科分类，《海国图志》就是一部集世界地理、历史、风俗、政治、经济、军事、科技为一体的百科全书。魏源的气魄可谓大矣！用心可谓苦矣！

三、旨在"制夷"的百科全书

　　尽管《海国图志》篇幅巨大，内容庞杂，但它始终有一个中心思想，那就是魏源在《筹海篇》中所阐发的"师夷长技以制夷"。这一主旨像一根红线，将零乱的各类资料串在一起，构成了一个完整的知识和思想体系，引导着中国人了解世界、走向世界、立足于世界。

《筹海篇》分为四节，其中"议守"上下二节，"议战""议款"各一节。在"议守"一节中，魏源开篇就指出，自夷变以来，帷幄所擘画，疆场所经营，非战即和，非和即战。未有专主守者，也未有善言守者。不能防守，何以能战？不能防守，何以能和？以守为战，而后外夷才能服从我方调度，这就是以夷攻夷；以守为和，而后外夷才能供我驰驱，这就是以夷款夷。魏源认为海防关键在于"自守"，自守之策有二：一是守外洋不如守海口，守海口不如守内河；二是调客兵不如练土兵，调水师不如练水勇。要制服敌人，必须先使敌人失去优势，而当时敌人的优势正是在海上。只有诱敌入内河，我军才能扬长避短，用兵、炮、地雷，水陆埋伏，置敌于死地。鉴于鸦片战争中清军来回调动、劳师无功的教训，魏源认为调客兵，累在官，扰在民，来如乳虎，败如鸟散，不如用调客兵之费以练当地土著。这些防守之策并非是魏源的凭空想象，而是他在总结失败教训的基础上，根据敌我双方的军事技术实力所作的判断。立足于守，也不失为落后国家抵抗侵略的权宜之计。

在"议战"一节中，魏源提出的"攻夷"之策有二：一是调夷之仇国以攻夷；二是师夷之长技以制夷。就前者而言，就是利用当时美、法、俄与英国的矛盾，想法让它们之间交兵开战，我从中获利。这在当时只能是一厢情愿的空想。因为在世界舞台上，国与国交往的唯一原则就是各自的利益，敌人的敌人，未必就是自己的朋友，对弱国来说更是如此。魏源的"以夷攻夷"在当时和后来都颇受诟病，从中国近代的外交实践来看，"以夷攻夷""以夷制夷"最后都是以失败而告终。魏源当时之所以会有这样想法，最主要的原因，正如早期维新派王韬所言"当默深先生时，与洋人交际未深，未能洞见其肺腑"。

按现在的说法就是没有认清侵略者贪婪成性、相互勾结、共同欺压弱小国家的本质。这并非是魏源一个人的过错，而是长期闭关锁国所导致的整个中华民族对外部世界的陌生。

但魏源并没有把"以夷攻夷"作为"议战"的唯一手段或主要对策，在他看来，"以夷攻夷"只是适用于未议和之前，议和之后，则应该师夷长技以制夷。夷之长技有三项：一是战舰，二是火器，三是养兵、练兵之法。此外，量天尺、千里镜、龙尾车、风锯、水锯、火轮机、火轮舟、自来火、自转碓、千斤秤之属，凡有益于民者，皆可以仿造。由此可见，魏源在当时提出的"师夷长技"并不限于军事，在他看来，有用之物，即奇技而非淫巧。今西洋器械，借风力、水力、火力，夺造化，通神明，无非竭耳目心思之力，以助民用。若中国人先因袭其长技而用之，再因袭其长技而制之，待风气日开，智慧日出，就会发现中国人与西方人完全能并驾齐驱，又何愁这些长技不能在中国发扬光大呢？"师夷长技以制夷"最初只是魏源等少数人的卓识，以后渐渐成为中国人的共识，是近代中国抵抗侵略、自立自强的唯一选择。

在"议款"一节中，魏源就中外交涉提出了诸多精辟的见解。首先，"欲制夷患，必筹夷情"，如开译馆，翻译外国书报，收集外国资料，了解外国情况，才能根据具体情况制定对策。其次，要利用外国之间的矛盾，以夷制夷。我国害怕外国之强，外国贪图我国之利，两相牵制，也许侥幸能保无事。再次，在禁贩鸦片的同时，仍应按通商惯例与各国通商互市，这样既可免去烟毒之害，又能防止白银外流。最后，要掌握议和的时机。清政府正是在鸦片战争前后错过了一次又一次机会，才导致被动和失败。

《海国图志》的主体部分是介绍世界各国情况，如地理位置、气候物产、人口风俗、经济贸易、法律军事，等等。除此之外，特别值得注意的是，它对一些国家民主制度的介绍。如《海国图志》用四卷的篇幅介绍英国，并多次提到英国的政治制度特别是议会的作用。如《外国史略》中称："国中有大事，王及官民俱至巴里满衙门（议院）公议乃行。大事则三年始一会议。设有用兵和战之事，虽国王裁夺，亦必由巴里满议允。国王行事有失，将承行之人交巴里满议罚。"这段话清楚地说明，在英国君主不掌握实权，权利在巴里满手中，君主任命之人行事有过失，将受到巴里满的议罚，而君主不承担责任，这就是典型的君主立宪制度。至于英国为何强大，《海国图志》征引的资料说："英吉利本国止产锡铜、煤炭，然其国人好利争胜，精技艺，治船械，不惮险远，故凡他国物产皆聚于伦敦国都。""英吉利不务行教而专行贾，且佐行贾以行兵，兵贾相资，遂雄岛夷。"寥寥数语，将英国强大的原因准确地总结出来了。再如美国，《海国图志》用五卷的篇幅加以介绍，并重点介绍了美国的总统制、司法独立、三权分立原则。魏源在此卷一开始就明显地流露出赞美羡慕之情："议事听讼，选官举贤，皆自下始，众可可之，众否否之，众好好之，众恶恶之，三占从二，舍独徇同，即在下预议之人亦先由公举，可不谓周乎？"读罢此语，生活在专制国家的臣民们，谁不羡慕或惊讶！在一部以介绍地理知识为主的著作中，加进如此多的政治内容，这并不是偶然的，而是魏源在探索西方富强原因时颇为自觉的选择。这是魏源作为先驱者的远见卓识，也是《海国图志》最摄人心魄之处。所有这些绝非一般的地理著作所能望其项背。

魏源亲历过鸦片战争，对英国的坚船利炮虽未曾目睹，但多有耳闻。他之所以主张"守外洋不如守海口，守海口不如守内河"，正是鉴于英国船舰和火炮的厉害，他的"师夷长技"主要也是学习西方的战舰和火器技术。因此，为了达到"制夷"的目的，魏源在编辑《海国图志》时，大量选录了有关西方军事技术的文章。如前所述，从五十卷本到六十卷本，增加了大量有关西洋轮船、火炮技术的资料，并附以多种图样。百卷本中卷八十四至卷九十五全是有关仿造战船、铸炮、筑炮台、制水雷等军事技术的论说，作者多是中国人，并附有多种图样。如军事技术专家郑复光的《火轮船图说》、福建监生丁拱辰的《铸造洋炮图说》、江苏候补知府黄冕的《地雷图说》、户部主事丁守存的《西洋自来火铳制法》等。以上诸人皆是当时中国的军事技术专家，他们的文章代表了当时中国人对西洋科技的了解程度。另外，《海国图志》中收录的科技文章，在主要介绍军事技术的同时，还传播一些力学、光学、数学、化学、天文、气象等知识。

综上所述，我们可以得出这样的结论：《海国图志》以介绍世界地理为主，首先是一部地理著作。其次，《海国图志》在介绍各国情况时必然会涉及历史沿革，而且魏源的《筹海篇》本身就是对鸦片战争的总结，因此又是一部历史著作。第三，《海国图志》出于"制夷"的目的，开篇就是"议守""议战"，又大量介绍西方的军事技术，因此，又是一部军事著作。第四，《海国图志》在介绍西方军事技术的同时，也将西方的科技传入中国，因此，也是一部科技著作。第五，《海国图志》是近代中国人开眼看世界的标志性的著作，是中国人觉醒的起点，因此，它也是一部思想巨著。最后，《海国图志》的主旨是"师夷长技以制夷"，这是当时最大的政治，也是中国近代的时代主题，因此，《海国图志》还是一部政治著作。无须再列举，仅此诸项就足以说明，《海国图志》是一部19世纪 50 年代的百科全书，代表了那一时期中国人认识世界的水平，在中国政治史、思想史、学术史、科技史、军事史上都占有重要的地位。

四、迟来的巨响

《海国图志》是魏源受林则徐委托，在鸦片战争的硝烟未尽时开始编写的。五十卷本编成于道光二十二年十二月，此时距《南京条约》签订、英国军舰退出长江仅三个月。无论从编写的时间和目的来看，它都是一部现实性很强的著作，也可以说是直接针对现实而编写的。可此书出版后，毁誉参半，颇受冷落，直到二十年后，在第二次鸦片战争的硝烟散尽之后，才引起洋务派的共鸣。而与此相反的是，此书一传到日本就格外受宠，成为日本人了解世界、对付西方的指针。一部书的不同遭遇，折射出中日两国在近代的不同命运。

《海国图志》五十卷本出版后，魏源的好友陈澧读罢叹曰："魏君可谓有志之士矣，非毅然以振国威、安边境为己任，何其编录之周详、议论之激切如此哉！"并具体评论道："其书罗列荒远之国，指掌形势，可谓奇书。其所论，则以调客兵不如练土兵，及裁兵并粮，水师将弁用舵工、炮手出身诸条为最善，切实可行，真有用之言也。"但陈澧也对书中的"以夷攻夷""调水师不如练水勇""守海口不如守内河"等主张提出不同意见，体现出一位挚友坦诚心迹、知无不言的品格。道光二十七年，魏源南游期间，还专门到广州拜访陈澧，虚心向他请教对《海国图志》的意见。两位老友对学术的执着认真态度令人感动。

林昌彝是魏源的另外一位好友，他对《海国图志》也有较高评价，认为此书："博稽详考，殚见洽闻，议论明通，体用兼备。此为宇宙间不可少之书也。"

姚莹也是魏源的好友，而且也久有收集海外文献的志向。当他看到魏源的《海国图志》后，感叹"大获我心"。他曾打算将域外之书荟萃刻印，取名为《异域丛书》，使究心时务者有所考镜。只因见闻未广，尚待搜集。现在魏源的《海国图志》已经出版，自己的计划也就可以中止了。这是一位志同道合者对先行者的由衷敬佩。

何秋涛是研究西北边疆地理的名家，著有《北徼汇编》和《朔方备乘》。他评价《海国图志》："搜采群籍，勒为图志，于岸国岛国各情形，条分缕析，便于检阅。但卷帙既繁，不免有疏舛之处，要当分别观之。"虽评价不高，也算客观。

以上诸位皆是魏源的好友，与魏源在思想上多有相通之处，他们对《海国图志》的评价基本上是肯定和赞誉的。但批评甚至否定的声音也有，其中以梁廷枏最为代表。梁在当时也是著名学者，曾入林则徐幕协助禁烟，深得林的信任，他所著的《海国四说》也是当时一部重要的介绍海外诸国的著作。就是这么一个对时局和世界较为了解的人，在咸丰元年撰写的《夷氛闻记》中竟对魏源的《海国图志》大加攻击。梁廷枏不光认为"以夷攻夷"不可行，而且还认为"师夷长技"是"失体孰甚"，外国的先进技术都出自中国，"求胜夷之道于夷，古今无是理也"。梁廷枏对《海国图志》的如此评价，不光是他一个人的认识，也代表当时绝大多数中国人对"师夷长技以制夷"的态度。魏源的《海国图志》受冷落由此不难找出原因。

咸丰八年（1858），兵部左侍郎王茂荫上奏朝廷，请求将《海国图志》重印。他在奏折中称，《海国图志》一书，计五十卷（他当时看到的还是初版），于海外诸国疆域形势、风土人情，详悉备载。如皇上认为有可采之处，请饬重为刊印，使亲王大臣家置一编，并令宗室八旗以此来教，以此来学，以便知道外夷虽然难以对付但并非无法可御。可惜并未引起朝廷重视。

《海国图志》沉寂的二十年，是清朝统治者依然昏聩懵懂的二十年，也是中国近代化被延误的二十年。这不仅是魏源及《海国图志》的悲哀，更是整个中华民族的不幸。直到 19 世纪60 年代洋务运动兴起，《海国图志》的价值才真正为洋务派所认识。他们从《海国图志》中开始了解世界，并将魏源提出的"师夷长技以制夷"付诸实践。

光绪二年（1876），《海国图志》百卷本重刊，洋务派的代表人物、时任钦差大臣、陕甘总督的左宗棠在《重刻海国图志叙》中，将自己所从事的洋务事业看作对魏源"师夷长技以制夷"的发扬光大。他在叙言中说："其要旨以西人谈西事，言必有稽。因其教以明统纪，征其俗尚而得其情实，言必有伦。所拟方略，非尽可行，而大端不能加也。"他还说，魏源死后二十余载，事局如故，但同治、光绪年间，福建设局造轮船，甘肃用华匠制枪炮，其技术也差不多能赶上西人。仿造的机器会越来越精，人的心思也会越来越聪明，时间一长就能由浅入深，精益求精，这正是魏源所说的"师夷长技以制夷"。可见，以左宗棠为代表的洋务派才是魏源的真正知音。《海国图志》如同一枚引线太长的巨雷，又遭遇昏聩懵懂的潮湿环境，直到洋务运动时期才开始炸响。

与在国内沉寂二十年相反，《海国图志》传入日本后却立即引发强烈的反响。咸丰元年（1851），三部《海国图志》六十卷本首次传入日本。咸丰四年，又有十五部《海国图志》传入日本，除七部留作御用外，其余八部允许公开发售。由于该书内容适合当时日本时局的需要，立即受到各界人士的欢迎。翻译、注解、刊刻《海国图志》成为当时日本思想文化界的一个热点。仅在 1854 至 1869 年间，翻刻版本竟多达二十三种（均为部分翻刻）。

日本人之所以如此欢迎《海国图志》，是因为自 1853 年美国军舰闯入日本后，日本也面临着西方列强的侵略，日本有识之士也在寻找救国的出路。而《海国图志》的传入正好满足了这种需求。《海国图志》为日本人打开了了解世界的窗口，《筹海篇》又为日本抵御西方的侵略提供了借鉴，而中国在鸦片战争中的失败教训更使日本人看到了前车之鉴。日本幕府末期的许多著名人物都因读《海国图志》而警醒，如长州藩的吉田松阴在被囚禁期间写的读书笔记中，就多次提到阅读《海国图志》一书的感受，认为魏源的《筹海篇》，议守、议战、议款，凿凿中款。清国若能全部采用，就足以制英寇、驭法俄。他以《海国图志》作为学生了解世界的教材，培养出了伊藤博文等著名的人物。

《海国图志》对日本的明治维新也产生了直接的影响。梁启超对此指出："日本之平象山、吉田松阴、西乡隆盛辈，皆为此书所刺激，间接以演尊攘维新之活剧。"现代学者钱基博也有同感："日本之平象山、吉田松阴、西乡隆盛辈，无不得《海国图志》读之而愤焉悱焉，攘臂而起，遂以成明治尊攘维新之大业，则源有以发其机也。"一个中国人苦心孤诣编成的一部书，在本国沉寂二十余年，在邻国却激起一股人人欲得而读之的热潮，其结果，四十年后，热读此书的国家把冷落此书的国家打得一败涂地。一部书的命运也正是一个国家的命运，《海国图志》的遭遇给中国人留下的教训太深刻了，难怪后来的中国人，一提起近代史就想到《海国图志》。

第 7 章

立乎今日以指往昔

　　魏源早年即好读史，他一生的主要著作都是史书。前面提到的《诗古微》《书古微》是经学史、学术史，《皇朝经世文编》是清代思想史、社会史，《海国图志》是世界史和鸦片战争史。除此之外，魏源还有三本专门的历史著作，即《圣武记》《道光洋艘征抚记》和《元史新编》。所有这些历史著作，确立了魏源在中国近代史学史上的重要地位。

一、读书期有用，削札记圣武

　　道光二十一年，魏源从浙东前线回到扬州。此后，为完成老友的嘱托和总结战败的教训，他全力以赴地投入写作中，分别于第二年的七月和十二月完成两部著作，即《圣武记》和《海国图志》。前者着眼于国内，探索清朝由盛转衰的原因，后者眼光朝外，师夷长技以制夷。两者共同展现了魏源作为史学大师卓越的史识和深厚的功力。

　　与《海国图志》是受林则徐委托编写不同，《圣武记》是魏源早有计划要编写的著作。道光九年，魏源按例捐资为内阁中书舍人，得以借阅史馆秘阁官书及士大夫私家著述、故老传说。当时他就有心收集资料，想写一部本朝的战史，以弘扬清初诸帝的赫赫武功。而且，魏源本人对军事素有研究，研读过孙、吴兵法，撰写过《城守篇》《防苗篇》《乙丙湖广征苗记》《湖南苗防录序》等军事论文，都被收入他自己编辑的《皇朝经世文编》中。

但《圣武记》的成书与鸦片战争的刺激有直接的关系。魏源在该书的叙言中说出了缘由："晚侨江淮，海警杳至，忾然触其中之所积，乃尽发其椟藏，排比经纬，驰骋往复，先出其专涉兵事及尝所论议若干篇，为十有四卷，统四十余万言，告成于海夷就款江宁之月。"这段话的意思是说，我晚年侨居在江淮一带，突遭外敌从海上入侵，战争的失败触发我内心多年的愿望，于是翻检以前积累的资料，将其中涉及兵事的内容和自己以前所写的论文，汇编为十四卷，共四十万言，在《江宁条约》（《南京条约》）签订之月写成。由此可见，这部书与《海国图志》一样，也是在鸦片战争失败刺激下的发愤之作。

至于撰写本书的目的，魏源在绪言中也说得很清楚，那就是以古讽今，通过展示清初诸帝的赫赫战功，来探讨嘉道以后清朝衰弱的原因，寻找御侮图强之策。魏源指出，当今财用不足，还算不上国家贫穷，缺乏人才才是真正的贫穷；政令不能行于海外，也算不上国家羸弱，政令在本国境内不畅行才是真正的羸弱。所以先王不担心财用而最担心人才，不担忧政令不能在周边国家施行，而最担忧政令在本国境内失效。官员没有庸才，则国家富裕；境内没有荒废的政令，则国家强大。若能如此，何用害怕周围的国家？何须担忧不能御侮？人才进则军政修，人心肃则国威道。一喜四海春，一怒四海秋。也就是说，皇上若高兴，则天下万民如沐春风；龙颜若发怒，则四海各国不寒而栗。令行禁止，四方来朝，这才叫战胜于庙堂。所以，后圣师法前圣，后王师法前王。师法前圣前王，我朝列祖列宗就是最近最好的榜样。这就是魏源写此书的真正目的，希望当今的最高统治者知耻发愤、锐意图强，像他们的先祖一样在对外战争中再立下战功。

《圣武记》初版于道光二十二年七月，道光二十四年和道光二十六年又进行了两次修订。《圣武记》一书共十四卷，卷一至卷十是采用纪事本末体，叙述清朝开国以来至道光朝历代皇帝对内对外的赫赫武功。依顺序分别为：卷一开创、卷二藩镇、卷三至卷六外藩、卷七土司苗瑶回民、卷八海寇民变兵变、卷九卷十教匪。内容包括满族在东北的崛起，入关取代明朝，平定三藩，征抚蒙古、新疆、西藏、俄罗斯、朝鲜、缅甸、越南，西南各族改土入流，统一台湾，镇压临清王伦起义、川楚陕白莲教起义、滑县李文成起义等重大军事事件。卷十一至卷十四为武事余记，分别是兵制兵饷、掌故考证、事功杂述、议武五篇，全是论说。由此可见，《圣武记》是一部叙论结合、以军事为主要内容的著作。

由于魏源写此书的目的不是简单地盛赞清初诸帝的武功，而主要是以古讽今，因此，他在书中不仅详细叙述了历次战争的经过，还分析了清朝由盛转衰的原因，并以先皇的战功来反衬当今皇帝的无能。如在分析嘉庆以来国库空虚原因时，魏源认为，不从河工、海禁、名粮、宗禄等方面找原因，而只归咎于新疆用兵，令人大惑不解。他举例分析道，嘉庆十四年五月，御史李鸿宾上奏说，南漕运米一石，合计漕项河费，每石不下数十金。协办大学士刘权之也曾上奏说，南漕每石需费银十八两。若按此标准，南漕每年四百余万石，若每石需费十八两，则每百万石即需银一千八百万。当时清朝每年的赋税收入只有四千余万两，也就是说，用尽国家每年岁赋四千余万两，尚不足运南漕之半，有是理乎？经魏源这一分析，漕运的浪费确实触目惊心，再不改革真要彻底拖垮大清王朝。再如他在总结康熙皇帝平定三藩之乱时指出："自古及今，或以殷忧启圣，或以道谋溃成，庙算不定，而大难克削者，未之前闻。""庙算不定"就是指皇帝遇到重大事变时没有定见，为舆论或身边的人所左右，此乃君之大忌。凡是了解鸦片战争经过的人，都知道魏源这是在借康熙平三藩时的镇定果敢来批评道光皇帝在鸦片战争中的战和不定。

《圣武记》最精华的部分是魏源在总结历史经验时，针对现实问题而提出的一些应对之策。他认为要抵御外敌入侵，就必须学习外国的长技。他在卷八《嘉庆东南靖海记》中议论道："不师外洋之长技，使兵威远见轻岛夷，近见轻属国，不可也。"意思是说，因不学习外洋的长技，导致本朝的武力被远方的岛国和周围的藩属国所轻视，实在是不可取。他因此认为"以彼长技御彼长技，此自古以夷攻夷之上策"。这正是《海国图志》中"师夷长技以制夷"的先声。在如何禁烟问题上，魏源主张用重典，凡吸食者，先行刺面之法，再犯者诛。贩烟者立诛。其贩烟吸烟者，允许告发，告发不实者反坐。整饬水师，外洋无庇护贩烟之人；刺面令行，内地无尝试之犯，如是而烟不绝者，无是理也。至于如何开源兴利，魏源主张：一是允许民间开采银矿，官设局收税。二是仿铸西洋银钱，以利民用。凡此种种，都在表明，魏源的《圣武记》名为说古，实为鉴今。此书的价值和影响正在于此。

《圣武记》出版后，得到同代人诸多好评。包世臣认为此书必能风行艺苑，流传后世，但又对其编纂体例提出不同意见。好友孔宪彝在赠诗中赞魏源："早岁官凤池，频年卧江浒。

读书期有用，削札记圣武。晚达遇仍穷，著述良堪补。"另一好友林昌彝在《射鹰楼诗话》中也赞曰："《圣武记》及《海国图志》尤为有用之书，诚经国之大业，不朽之盛事也。"

由于《圣武记》编写于鸦片战争硝烟未尽之时，有很强的现实感，因此，尚未完成就因索观者众，随作随刊。甫一出版，就风行海内外，今存海内外各种版本竟有二十多种。尤其值得一提的是日本人对此书的重视。日本著名的"开国论"者佐久间象山在读到《圣武记》后，将魏源视为"海外同志"。他曾写道："余与魏氏生异域，不相识姓名，感时著言，同在是岁，而其所见亦有暗合者，一何奇也。真可谓海外同志矣。"面对几乎相同的变局，中日两国的有识之士几乎有相同的认识，只可惜后来两国的应对之策大相径庭，其结果也截然不同，读此怎不令人叹息！另一位日本人鹫津毅堂，为了寻求抵御西方之策，遍读我国古代兵书，却感到可用于今日者太少。当他读到《圣武记》时，才发现此书所论颇切于时势，特别对《议武》一篇尤为称赞，认为海防之策，莫善于是篇也。

需要指出的是，由于时间仓促，再加上涉及面太广、资料太多，魏源在编撰《圣武记》时，在取材、鉴别等方面也出现一些讹误，其编撰体例和叙述方法也遭到一些批评。但瑕不掩瑜，此书的整体价值还是受到后人的高度赞誉。梁启超在《中国近三百年学术史》中评价说，史学以记述现代为最重要，故清人关于清史方面的著作，为我辈最乐闻。其中最著名者有魏源的《圣武记》、王闿运的《湘军志》。魏源观察力颇敏锐，组织力颇精能，其书记载虽间有失实处，固不失为一杰作。梁启超对清代学术史极为熟悉，他的这一评价当为客观公正之语。

二、近代中国第一部"当代史"

在《圣武记》道光二十六年修订本目录中，有"道光夷艘征抚记"的标题，并且注明"补刊"，但在正文中并无此篇文字。直到光绪四年（1878），上海申报馆才将传抄本《夷艘征抚记》改题为《道光洋艘征抚记》补刊于《圣武记》之中。至此，《道光洋艘征抚记》才有印本流行。

《道光洋艘征抚记》大约完成于道光二十二年，后又有修订。此书在道光末年及咸丰、同治年间即有抄本流传，不仅书名不完全一样，文字也不尽相同。已知抄本的名称有《夷艘入寇记》《夷艘征抚记》《夷艘寇海记》《夷舶入寇记》《英舶寇海记》《英夷入寇记》《英人入寇记》等，现分别藏于北京、南京各大图书馆。这部书之所以长期以抄本流传，且没有署名，可能是因为该书记录了刚刚发生过的鸦片战争，是名副其实的"当代史"，在书中又对道光皇帝和其他仍在位或健在的官员多有批判和指责，恐遭时讳惹祸，不便署名。关于这部书的作者，20 世纪 50 年代曾在学术界引发过争议，后经姚薇元、李瑚等专家深入研究，确定为魏源无疑。这是近代第一部鸦片战争史，又出自战争亲历者魏源之手，自然是研究鸦片战争和魏源思想的重要资料。

《道光洋艘征抚记》，篇幅不大，约二万字，分上下两卷。上卷从 1838 年 6 月鸿胪寺卿黄爵滋上奏禁烟写起，到 1841 年 5 月三元里人民抗英为止，中间叙述了林则徐在广东禁烟、销毁鸦片，英国发动侵略战争、攻陷定海、北犯天津，琦善议和，清政府对英宣战，英军侵占香港、占领广州等事件，是鸦片战争的第一阶段。下卷从 1841 年 8 月璞鼎查来华扩大侵华战争写起，到鸦片战争结束、不平等条约签订为止，其间涉及厦门失陷，定海再陷，镇海、宁波失陷，清军反攻，英军进犯长江，上海、镇江失陷，《南京条约》签订等重大军事和外交事件，为战争的第二阶段。

魏源在此书中，充分揭露了英国贩卖鸦片的罪行，严厉谴责了其侵略行径。在全书一开始，他就引黄爵滋的奏折指出，鸦片蔓延中国，横被海内，槁人形骸，蛊人心志，丧人身家，实生民以来未有之大患，其祸烈于洪水猛兽。积重难返，非雷厉风行，不足振聋发聩，请用重典，治以死罪。百年后的今天，重读这段文字，仍为鸦片的危害而震惊。书中还多次揭露英国侵略军所到之处"掳掠焚烧惨甚"，侵略军进入长江后，"炮声震江岸，自瓜州至仪征之盐艘巨舶焚烧一空，火光百余里"。

对清朝统治者在战争中的拙劣表现，魏源也毫不留情地予以抨击。各级官员平时文恬武嬉，不知防务为何事，一旦战争爆发，英军破一岛则一省震动，骚扰一省则各省震动，抱头鼠窜者唯恐不暇，轻易进攻者又虚骄而无实。最高统治者反复无常，毫无主见。奕山、奕经之流则率先冒险，一败涂地后屈辱投降，最后讳败为胜，谎报战功。魏源还从战略上批评决策者的失误，战争持久两年，耗银七千万两，朝野议论，非战即款（议和），非款即战，从未有专议守者。况且迎战不战于可战之日，而偏战于不可战之日；议和不议和于可议之时，而专议于必不可议之时；防守不守于可守之地，而皆守于不可守不必守之地。

在抨击投降派的同时，魏源对林则徐、邓廷桢等抵抗派大力表彰。他在上卷末的总论中指出，英人入侵以来，只有林则徐守广东，不调外省一兵一饷，而长城屹然。假如江苏、浙江、天津武备也如闽、粤一样，则庙堂就无南面之忧，敌人反有坐困之势。林则徐在定海陷落后，曾献以敌攻敌、固守樊篱之策，又奏请以粤饷三百万造船置炮，若被采纳，何至于弄到今日这种不可收拾的地步。

在全书的最后，魏源又重申了自己"以守为战""以守为款""师夷长技以制夷"的主张：诚能择地利、守内河、坚垣垒、练精卒、备火攻、设奇伏，如林则徐、邓廷桢守虎门、厦门那样，就能以守为战，以守为款。若能以守为战，不但我兵可用，甚至法、美之兵皆可用，达到以外敌攻外敌的目的。若能以守为款，不但烟价可不给，而且鸦片也可永禁其不来，还可省出赔款数千万两，用来购洋艘洋炮，练水战火战，尽收外国之羽翼为中国之羽翼，转外国之长技为中国之长技，富国强兵，在此一举。

《道光洋艘征抚记》写成于鸦片战争刚结束之时，有极强的现实性和针对性，它不仅为当时人和后来者了解这场战争的经过提供了第一手的资料，而且还用春秋笔法为战争中诸多人物的表现定下了基调，这种基调一直影响着后人的评价。正因为如此，这部书不仅在写成之后，争相传抄，而且在其印行后，仍有人专门研究。民国时期，姚薇元利用中外资料对此书进行了考订，写成《鸦片战争史实考》一书，1984年又重新修订出版。姚在绪言中说，关于鸦片战争的记载，中国和英国各有许多材料和著作，中国方面比较全面的记载，以魏源的《道光洋艘征抚记》为最早。全书贯穿着反侵略、反投降的鲜明的爱国主义思想，是近代中国第一部具有进步意义的"当代史"。

三、集道光前清人元史研究之大成

除以上两部完成的传世史学著作外，魏源还有一部未完成的史书，那就是《元史新编》。魏源想凭一己之力，在借鉴前人成就的基础上，对元代历史进行重新整理和编纂，虽未能全部完成，其志向和气魄也令人惊叹。

旧《元史》是明洪武年间修成的，由于成书仓促，疏漏错误之处甚多。有极重要之人物而无传者，有一人而有数传者。至于元初事迹，更是荒渺讹误，莫可究诘，故成书不久即遭人批评。魏源也尖锐指出："承前代文献不足之余，加以纂修官宋濂、王祎皆系文士，疏于考订，昧于衮钺，有史才而无史学、史识，八月成书，是以疏舛四出。"

在魏源之前，清代已有学者开始对《元史》进行修订。最早是康熙朝邵远平的《元史类编》四十二卷。其书仿郑樵《通志》之例，将一切传记，皆以类次，殊为琐细，而且仅有纪传，而无表志，只能整齐故事，并未利用新史料，故未能满足学界的期望。到乾嘉时期，清代学者的治学方法开始趋于谨严。钱大昕以淹贯之才，专治《元史》，于旧日史料，广搜博采，除正史之外，还对碑传文集、《元朝秘史》等甄别异同，考其得失，修成《补元史·艺文志》四卷，《补元史·氏族志》三卷、《辽金元史拾遗》五卷、《宋辽金元史朔闰考》四卷，而他的《二十二史考异》也以《元史》部分最精。稍后又有汪辉祖的《元史本证》五十卷，专以本书证本书，虽不及钱氏淹博，也至为精湛。徐松对元史西北舆地之学也有精深研究。这些早期的元史研究成果都与魏源编纂《元史新编》有直接关系。

魏源早在编纂《海国图志》时，即已开始注意收集资料并着手重编元史。他以《四库全书》中元代各家著述百余种为基本史料，旁搜《元秘史》《元典章》《元文类》各书，参考旧史，大约在咸丰三年草成《元史新编》九十五卷。《元史新编》有《本纪》十二（十四卷）、《列传》四十二（四十二卷）、《表》五（七卷）、《志》十一（三十二卷）。就内容来看，全书以邵远平的《元史类编》为蓝本，增太祖、太宗、宪宗本纪。世宗以下本纪大抵袭用邵氏的《元史类编》，略加点定。其列传亦据邵氏《元史类编》而加以增删订改。其《艺文志》《氏族志》则全取自钱大昕。其他也多就旧史原文，增删改定而成。对这种编纂方式，齐思和先生在《魏源与晚清学风》中指出："吾国以前修史，本多属点定，择善而从，辞不必皆由作者己出，魏氏亦援其例焉。"

魏源《元史新编》的创新之处主要有以下三点：第一，在评论元代衰亡的原因和处理疆域问题上显示出进步的史识。魏源书中指出，元朝开国之初，蒙古统治者的民族歧视政策相对来说不太明显，如太祖、太宗时期以女真人耶律楚材为宰相，世祖时期汉人史天泽跻身首辅、刘秉忠也以太保参预中书省事，并无内色目人外汉人南人之见。元朝在全国的统治确立后，却全面推行民族歧视政策，内北外南，人为四等，这种情况一直延续到元中叶以后。在魏源看来，这是导致元代灭亡的重要原因。第二，在史料方面，魏源不但收集了包括《元史》所引资料在内的大量第一手资料，而且还对这些资料进行整理和考订。不仅如此，还广泛收集域外史料，吸收前人研究成果，填补了一些历史空白。如依据《元朝秘史》等书及域外史料，对从太祖至宪宗四朝的史实进行了大量的补充。第三，在体例方面，魏源在《元史新编》中将列传置于表、志之前，而列传的编写，又改变了"一人一传"的形式，首创"以类相从"，按开国、世祖、中叶、元末四个时期人物的主要事迹，以类重新编次（如功臣、相臣、武臣、文臣等），将叙事与记人结合在一起。对旧志则广泛参比各种资料，或删或补，《艺文志》和《氏族志》则直接补用钱大昕的名著。

《元史新编》草成之后，并未刊行。直到咸丰六年（1856）魏源在杭州时，才托当时的浙江巡抚何桂清"随奏疏而上进"，但未成事实。次年，魏源病逝，《元史新编》草稿先落入龚自珍后人之手，后又入莫祥芝之手。魏源的族孙魏光焘在新疆时，得到湖南人国子监祭酒王先谦的提醒，急忙去信索回原稿，后委托湖南学者邹代过（魏源好友邹汉勋侄孙）、欧阳俌代为校勘。由于原稿在抄录中倒乱讹夺之处甚多，因此邹代过在整理原稿时，除校勘订正外，还进行了续补。经过邹代过、欧阳俌八年的校正补定，《元史新编》于光绪三十一年（1905）由魏光焘以邵阳魏氏慎微堂名义刊行。魏光焘（1837～1916），湖南邵阳人，魏源族孙，早年随左宗棠部镇压西北回民起义。光绪七年（1881）任甘肃布政使，光绪十年任甘肃新疆布政使。后历任江西布政使、陕西巡抚和陕甘、云贵、两江、闽浙总督，是魏源家族中最显赫的官员。他为《元史新编》的整理和出版出了大力，使魏源晚年的心血不至于白流。

《元史新编》出版后也得到学界好评。梁启超在《中国近三百年学术史》中说："魏著讹舛武断之处仍不少，盖创始之难也。但舍事迹内容而论著作体例，则吾于魏著不能不深服。彼一变旧史一人一传之形式，而传以类从。但观其篇目，即可见其组织之独具别裁。章实斋所谓传事与传人相兼，司马迁以后未或行之也。故吾谓魏著无论内容罅漏多至何等，然固属史家创作，在斯界永留不朽的价值矣。"梁启超此言主要从体例创新方面肯定《元史新编》。现代著名史学家齐思和也认为，魏源在吸收前人成果的基础上，就《元史》删其繁芜，补其阙漏，订其谬误，成《元史新编》一书，乃改造《元史》第一部较为成功之著作。又说，魏氏行文有法，善叙事理，且其书网罗旧闻，增益新说，实集道光前清人元史研究之大成，而于元代河工、漕运、钞法诸大政及其盛衰之理，推论尤详，盖作者欲借旧史以明治道，非徒志在考证笔削而已。在指出后出的元史著作更加详赡正确的同时，仍称赞魏源以一人之精力，数年之时间，成此伟大之著作，其气魄精力，俱极可佩，晚清西北史地研究之风气，盛极一时，先生提倡之功，有不可没者焉。以上论述，从集前代研究之大成和倡导学术风气两方面，对《元史新编》给予了客观公正的评价。

从学术史的角度来看，魏源一生的学术成就以史学为最大。他的史学著作不仅数量多、质量高、影响大，而且在其中体现着他的经世思想、变革思想和开眼看世界、向西方学习的思想。总起来看，魏源的史学著作有以下三个明显的特点：

（1）具有鲜明的史学经世思想。魏源生活在一个考证盛行的时代，他早年的经学研究也是遵循这样的理路。但他在1825年进入幕府后，经世思想完全确立，治学的目的也明显由考证求真转向经世致用，鸦片战争后更是如此。在他看来，历史著作应该是医治社会现实弊端的良药，治史的目的就是"立乎今日以指往昔"。从《皇朝经世文编》开始，他此后的所有历史著作都贯穿这一原则。他的这种选择不仅使他的历史著作有强烈的时代感和现实性，在当时及后来产生较大的影响，而且还影响了一代学风的转变。田梓材在《读魏默深先生海国图志》一文中指出，这部书之所以不能泯灭，不仅仅是因为书中的名言至论多切中时弊，可以见诸施行；对各国之沿革始末、政治风俗繁征博引，搜罗宏富；多记有用之学，以为中国格致之本。更是因为自嘉道以来，海内学者多讲求时文试帖、声音训诂之学，时间一久形成风气，对中国的自治与制外夷之道，皆漠不关心，只知道斤斤于字句之间，作为猎取声名的工具。所以，英人之变，全局震动，但未有奇才异能之士能为国家出谋划策，雪一旦之耻。魏源蒿目时艰，屡次向当权者进言，不被采纳。于是发愤著书，欲使天下英雄豪杰闻其言而深有感奋，以孜孜讲求于当世之务。这就是先生著此书的良苦用心，虽历千万世不能泯灭也。道光以后，经世之风渐成学界主流，历史著作也多以经世为目的，这与魏源史学著作的影响有直接的关系。

（2）开创了当代史和世界史的新风。中国史学本有记述当代的传统，司马迁的《史记》就是最好的范本。但清代以来，由于文网严密，动辄得咎，文人学士为了避祸，争相远离现实，只在故纸堆里讨学问，久而久之，乐此不疲。以乾嘉学派为代表的清代学术，在将考据学发展到顶峰的同时，也暴露出对现实问题的疏离和陌生。面对积重难返的内政和外患，无法提出应对之策。与此相反，魏源的历史著作则处处体现出时代性和现实性，《皇朝经世文编》收录当朝的论说，《圣武记》记载当朝的武功，《道光洋艘征抚记》记录当下正在发生的战争，《海国图志》则更是在总结失败教训的基础上，将眼光投向海外，引导国人师夷长技以制夷。所有这些，绝非埋头书斋不问时事的冬烘学者所能想象。魏源之所以能成为史学大家就是因为他的心在随着时代一起跳动，与时代同呼吸、共命运。魏源开创的当代史和世界史研究直接影响着晚清史学的风气，成为晚清史学的主流。梁启超说史学以记述现代为最重要，故清人关于清史方面的著作，为我辈最乐闻。这就是对魏源史学特征和价值的最好定位。

（3）在体例上不拘成例，敢于创新。魏源对传统史学体例极为熟悉，但他在继承前人的基础上，不断创新。虽然也遭到时人及后人的批评，但从最终的效果和影响来看，还是得大于失。《圣武记》前半部为纪事本末体，后半部全是论说。包世臣对此就有不同意见。但魏源之所以要这样做，显然是在叙述清朝前期对内对外的赫赫武功之后，面对鸦片战争失败的现实，有话要说，趁机将自己的想法一并兜出。此书在传入日本之后，日本人最感兴趣的就是其中《议武五篇》，魏源的苦衷在异国找到了知音。《海国图志》也是如此，此书开始以魏源的《筹海篇》立论，中间是介绍各国情况，最后二十余卷全是论说。这种不伦不类的体例正可以最大限度地容纳魏源所要传达给国人的多种信息，非单纯的历史地理著作所能相比。至于《元史新编》，正如梁启超评价说，魏著无论内容罅漏多至何等，然固属史家创作，在斯界永留不朽的价值。我们对魏源史学著作体例的创新也应作如是观。

第 8 章

晚年的亲民与归隐

道光二十五年春，五十二岁的魏源进京补行殿试，中第三甲，赐同进士出身，以知州用，分发江苏。经过六次会试，魏源终于熬成了进士，可由于名列三甲，无缘进入翰林院。好友邓显鹤来信为魏源遗憾，魏源则表示，今日史官整日以蝇头小楷、俳体八韵为报国之能事，我厕身其间，何以为情？不如做一个亲民官为百姓办点实事。

一、东台受累，赔垫四千

道光二十五年秋，魏源出任江苏东台县知县。这是江苏东部的一个小县，地瘠民穷，每年的钱漕赋税征收都很困难。前任知县葛起元就是因为征收漕粮激起民变，才被迫调走。魏源到任后，拜访当地有名望的士绅，惩办了一些奸猾恶棍才最终平息事态。

征收漕粮是魏源上任以后面临的最大难题，这也正是他长期关注的重点。于是他向江苏巡抚李星沅上《钱漕更弊议》，明确指出，江苏漕费之大，州县之累，日甚一日。其弊有三，即明加、暗加、横加。一开始漕运帮费用制钱不用洋银，当时洋银每圆兑制钱八百文，所以州县官经常舍弃制钱而用洋圆以图省事。后来洋银价日益上涨（银贵钱贱），兑费也随之增长，其用洋银之费已不可挽回，这就是暗加之弊。自道光五年行海运、停河运一年，旗丁以罢运为苦累，要求补助。道光六年，河工大挑，空船截留黄河以北，旗丁又以守船受冻为苦累，要求补助。每苦累一次，则次年必求调剂一次，这就是明加之弊。道光十九年间，四府粮道陶廷杰挑斥米色，骄纵旗丁，于是二三年间，各州县约加帮费三十万两，这就是横加之弊。

至于如何除弊？魏源似乎也没有什么好办法。朝廷一再减免苏州、松江浮粮，但官民仍不胜其困。原因何在？魏源承认，银价之弊已经无可奈何，只有裁缺并县之法，每并一缺，则省官规幕费、丁役杂费及应酬之半，这也许是救弊本原之法。由此可见，当时的漕运已病入膏肓，无可救药。魏源在无奈之际提出的裁缺并县之法在当时也不可能实行。

魏源在任期间，查知东台县西与泰州、兴化交界处的斜丰港，入江水道淤塞，如遇大水倾泻，对东台影响极大。于是便发动与组织百姓加以疏浚，从而解除了水患的威胁。正当魏源准备在东台为民造福之际，他的老母亲不幸去世。按照清代官员"丁忧"制度，父母去世，须守孝三年（一般是二十七个月，因为超过二十四个月就可算是三年了），不得为官。于是魏源不得不离开他上任才半年多的东台县。

魏源在东台任知县半年，亲身感受了州县官的辛苦，他不但没得到什么好处，反而赔了一大笔钱。原来东台县历年漕赋都未完额，魏源离任时又赶上赋税清查，结果受前任之累，赔垫了四千多两银子。这对一个县官来说，可是一笔巨款。魏源的家境立即陷入极度困顿。他在给朋友的信中说："弟半载东台，只因漕务受前任之累，赔垫四千金。现在交代，尚未算值，清查发仓之初，未知如何出脱。其尤急者，全家数十口，指日悬磬，而先梓至今留滞东台，未能奉移，其窘为生平所未尝。"当了半年知县就赔得快揭不开锅了，魏源初次出仕竟是这样一个下场。

为了生计，魏源又重新走上幕僚之路，大约在道光二十六年八月，他进入刚继任的江苏巡抚陆建瀛幕府。当时的两江总督是壁昌，与魏源也是旧交。壁昌有关漕河盐兵等大政，也多延请魏源商议。魏源在幕府期间，再次向陆建瀛陈述江苏漕运弊端，认为"江苏漕弊，非海运不能除，京仓缺额，非海运不能补"，并请将苏州、松江、常州、镇江、太仓、江宁五府一州之漕粮，酌行海运。他还将道光六年推行海运的章程变通为六条，希望陆建瀛和壁昌能够奏行。后来，陆、壁两人主海运甚力，议将苏州、松江、太仓漕粮改由海道，得到批准，后又推至常州、镇江诸府，这都与魏源的建议有关。

二、兴化抗洪，以命相搏

道光二十九年夏，魏源奉命署理扬州府兴化县知县。兴化县是扬州府里下河一带地势最为低洼的地方，俗称"锅底"。它紧靠高邮湖，一到秋天，湖水必涨，威胁堤防，堤溃则影响运河漕运，故设南关、中新等五坝，以利宣泄。在正常情况下，下河农民种早稻，到秋初湖水上涨时，新谷已经收获归仓，即使开坝泄水，也不会影响农民的收成。但近年来由于河费多被河臣河工贪污挥霍，致使河堤失修，很不坚实。一旦湖水上涨，管河官员又怕溃堤治罪，于是就开坝泄洪，即便是稻穗发黄即将成熟也不顾及。顷刻间，洪水建瓴而下，泛滥百里，江都、甘泉、高邮、泰州、兴化、宝应、东台等里下河七州县一片汪洋，农民遭灾，苦于饥荒，而兴化县最为严重。上年湖水上涨，启坝早，导致淮扬大饥，不得不依靠四川、广东的商米来接济。

魏源刚一上任，正赶上湖水上涨，河官准备启坝。此时刚过大暑，稻穗已成熟下垂。民众得知消息，群情激愤，要与河官拼命。魏源随即奔赴堤坝，组织民众昼夜筑堤护卫，与河官相对峙，阻止启坝。他担心自己位卑言轻不能抵抗河官，又星夜奔赴总督衙门，请总督陆建瀛命河官迅速开启运河东岸二十四闸分路宣泄，并请陆建瀛亲临邮南五坝坐镇抗洪，河官才不敢启坝。不料此时又西风大作，倾盆暴雨连下两昼夜，湖浪更加凶猛，侵蚀堤防如飓风摧雪。高邮湖眼看就要溃决，河官决定开坝放水。此时的魏源冒着风雨，伏在堤上痛哭，愿以自己的性命来为民请命，从早晨到下午，多次为巨浪卷起，民众十余万人也跟他一样以身护堤，直到傍晚风停浪息才罢休。因受风雨激打，魏源两眼红肿如桃，见者无不感动得落泪，连总督陆建瀛也叹曰："精诚所至，金石为开，岂不信然！"由于魏源和民众以死相抗，立秋后收获完毕才启坝泄水。这一年兴化及附近几个县的早稻丰收，老百姓为感激魏源，称其稻为"魏公稻"。

这段以命相搏的抗洪经历给魏源留下了深刻的印象，他后来在《登高邮文游台》诗中写道：

何事终年最系情，晴多望雨雨祈晴。

湖云似堰当楼黑，春水浮天上树明。

谁道登临宜作赋，难忘忧乐是专城。

农桑未暇还诗礼，空对前贤百感生。

118

"晴多望雨雨祈晴"充分反映出魏源作为一个州县官心系民生、为民造福的心情和责任。

运河原在东堤之外还有一道堤防，叫西堤，是用来抵御秋汛的，因年久失修，连堤基都找不到了。魏源亲自访查寻得旧基，并请总督陆建瀛批准修复，得到了允准。陆建瀛还命魏源亲自负责这项工程。待西堤竣工后，运河于东堤之外又有西堤，双堤护卫，以敌秋汛。以后凡湖水上涨，则只需筑堤防护，不得轻易讨论宣泄，而且每年必须等到处暑节后，新谷登场后才能启坝放水。并请奏准为地方政令，勒石坝首，成为永久例规。

里下河民众对魏源的这一功德非常感激，纷纷撰写联匾诗词加以颂扬，并且还要集资为魏源建生祠，魏源得知后坚决制止，但老百姓在家里为他焚香祈福的始终不绝。魏源去世后，当地士民还公请将他附祀于范仲淹祠堂，一同祭祀。两位"先天下之忧而忧"的圣贤将永远活在人民心中。

魏源在兴修水利的同时，还非常重视当地的文化教育事业，在兴化县城修建学宫、尊经阁，扩建书院和育婴堂等。兴化县民众为了纪念这位爱民的好县官，在后来纂修的《兴化县续志》中，卷首特意刊出了魏源的画像，并有诗赞曰：

> 才非百里，学贯九丘。幨帷下驻，琴韵长留。身居中土，神往瀛洲。潜心著述，远采穷搜。时方浑噩，公已研求。卓彼先觉，如有隐忧。牛刀初试，砥柱中流。淮扬保障，千载寡俦。

像赞对魏源的才学和功绩都给予了极高的评价，特别是最后四句更表达了当地民众对魏源由衷的爱戴和赞颂。

三、高邮"简恕"，被参革职

道光三十年（1850），魏源正在负责高邮至宝应间的运河西堤工程。而此时两江总督陆建瀛考虑到淮北改行票盐成效显著，便想借魏源之力，对凋敝已极的淮南盐政也仿照淮北模式进行改革。魏源认为淮南课额较重，而且引地（或称引岸、销岸，即指定的引盐行销地区）辽阔，若骤然全改，恐鞭长莫及，难度较大，建议从改上江食岸（销岸）开始，逐渐推广，如此则举重若轻，弛张在握。可陆建瀛为求急效，竟奏准在淮南全面改行票盐制。当时正值南盐缺产，课额不足，于是又命魏源兼任淮北海州分司运判，相机调剂，以淮北盐课接济淮南，并继续负责运河西堤工程。

魏源在淮北期间，督促各场官严稽扫晒，杜绝偷漏，访获巨枭塘私三十余万。由于淮北盐产大增，收入超额，以二十余万大引接济淮南。淮南盐课赖以补充，淮北盐课又倍增，因此筹银二十余万两用以生息，作为运河西堤每年的修筑经费。由于缉私有功，魏源得到朝廷的嘉奖，补缺后以同知直隶州即用。

咸丰元年（1851），魏源因功补授高邮州知州，仍兼海州分司运判。到任不久，即因前年兴化防堤积劳而患下了黄疸病，目黄体胀，痰壅气短，饮食艰难，差一点病死。里下河父老乡亲，斋戒祈禳，求神保佑。虽然秋天病愈，但精神已大不如从前。魏源在养病期间，仍在关心下河的治理和西堤工程，为探求"以清送漕，不治下河，而下河自保之法"，他托包世臣的弟子带信向包世臣请教。包世臣在病中亲自写信作答。两位以民生为念的老人为治河真是费尽了心血。

次年，魏源考虑到高邮湖湖面宽阔，救生船不易寻找救护，于是仿照高淳县丹阳、固城两湖的章程，在湖心挑筑湖心岛，岛上种植榆树柳树，作为湖船避风靠岸停泊之用。他还带领民众疏浚了许多港口，以便船只避风时就近躲入口内。当地人称这些港为"救生港"。

魏源在高邮还有很多善举。一是尽快处理积案，使囚犯不因长期羁押狱中而耽误生业。他认为，囚犯长期羁押，即便最后冤屈得申，也已弄得倾家荡产，因此，诉讼要从速办理。他还强调不能虐待囚犯，囚犯一入监狱，即是无告之穷民，更加需要体恤。对他们所犯罪行加以惩罚，理所当然；而任意虐待，责任在官，于心何安？所以，在他所历任的州县，牢狱皆深檐敞窗，冬有暖室，夏有凉棚，给衣施药，囚犯安逸，没有意外死亡。二是振兴文教。他将高邮文游台改建为文台书院。当时州城奎星阁前有棵大槐树，浓荫遮蔽数亩。深信堪舆之学的魏源认为高邮近年科第断绝，与这棵大树"荫翳绝景"有关，于是命人将此树砍掉。当地士绅闻知，一片哗然，想前来劝阻，已来不及。说来也巧，那年秋闱乡试榜出，高邮诸生中试者八人，而且后来也甲科（进士）不绝。高邮诸生科场高中不一定与砍树有关，但魏源为人才培养真是煞费苦心。

魏源在高邮任内，为政崇尚"简恕"，以诚感人，不事苛察。在为政之余，他抓紧时间整理自己的文稿，将自己多年研究《尚书·禹贡篇》的论文整理成《禹贡说》二卷，对《海国图志》进行了最后一次修订扩充，由六十卷增补为一百卷。《再续高邮州志·魏源传》中对魏源的评价是，著书数十种，发明群经，又纂《圣武记》《海国图志》，皆专心经世之大略，而于一州一邑若不屑为之，然卒不至于病民。这个评价不算很高，似乎还有点责备魏源怀抱经世大略、不屑于经营一州一县，仅能做到不扰民而已。魏源之所以在高邮"为政尚简恕"，以不扰民为原则，可能与他身体状况有关，一场大病下来，再也没有拼命的本钱了，再加上他此时已得知农民起义的烈焰燃遍南方，大劫将临，自己更应该抓紧时间整理著作，以传后世。因此，没有时间和精力在一州一县大干了。

咸丰三年三月，太平军攻下南京。接着，顺江而下的罗大纲、吴如孝部又迅速攻克镇江，李开芳、林凤祥部占领扬州，直接威胁到高邮。在太平军攻克扬州之前，魏源已将家人迁居兴化，但位于扬州城内的絜园却毁于战火。当时太平军驻扎到扬州城北边的邵伯镇，离高邮城仅四十余里。由于承平日久，老百姓都不闻战事，听说太平军要来，全境人心惶惶。作为一州最高行政长官的魏源自然负有守土之责，本来上月他已获悉上谕，命他迅速赶赴安庆军营，听候周天爵差遣委用。不料太平军来势异常迅猛，南京、扬州先后陷落，魏源已无法赴安徽前线，只能留在当地部署防备。他在高邮城内首创团练，亲自督察巡防。设关卡以稽来往，守隘口以防逃窜，添驿站以通声气，派侦探以窥敌情，严峻法以靖内奸。

此时江南河道总督杨以增正奉命督办江北防剿事宜，上奏参劾魏源于江南文报并不绕道送达，"屡将急递退回，以至南北信息不通，实属玩视军务"，导致魏源被清廷"著即革职"。杨以增之所以参劾魏源，有两种说法：魏源的儿子魏耆在《邵阳魏府君事略》中认为，1849年运河大水时，杨以增为淮扬兵备道，主张启坝放水，魏源极力阻止，两人从此结下恩怨，杨这次利用督办防剿之际，参魏源玩视军务，一报当年之仇。魏源的朋友姚舆在《魏刺史高邮事记》中说，魏源对逃兵溃勇尽行驱赶，一有犯法之事，立即重惩。官兵过境，有犯强奸掳掠之事，立即正法。带兵官求情，也不应允。因此得罪了杨以增，招来报复。

魏源被革去知州职后，便以原知县衔随周天爵军营参与镇压捻军。周天爵（1772~1853），字敬修，山东东阿人，嘉庆进士。历任安徽怀远知县、宿州知州、陕西布政使、漕运总督、湖广总督等职。咸丰三年任安徽巡抚，后以兵部侍郎衔督师镇压皖北捻军。由于周天爵的保奏，魏源于咸丰三年十一月，"以剿办安徽颍州府捻匪出力"，官复原高邮知州。此时周天爵已死，魏源也无心仕宦，便辞归兴化，不与人事，专心著述。

四、归隐著述，病逝杭州

魏源的最后几年是在兴化、高邮、苏州、杭州度过的。咸丰四年，魏源侨居兴化，手订生平著述，主要是增撰《诗古微》。曾一度赴苏州，与早年好友陈沆之子陈廷经会晤，为陈沆的《简学斋诗存》撰序。据最新研究成果，魏源还将自己整理增补的《诗比兴笺》交给陈廷经，托陈沆之名于咸丰五年刻印。咸丰五年，魏源在高邮撰写《书古微》。咸丰六年，在高邮辑录《净土四经》，作《净土四经总叙》《无量寿经会译叙》等，并寄予友人周诒朴，嘱托刊刻流传。游杭州，暂住僧舍。此时的魏源已不问世事，专心向佛，"闭目澄心，危坐如山，客至亦不纳。即门生至戚，接二三语，便寂对若忘"。咸丰七年三月初一，魏源病逝于杭州僧舍，享年六十四岁。因生平喜爱西湖，遂葬于南屏山之方家峪。

魏源的最后几年完全处于隐居状态，但仍有两件事颇引起后人的关注。一是他与太平天国的关系，二是他为何醉心佛教。据李柏荣《日涛杂著》第一集《魏源轶事》载："默深声名既宏伟，又值洪秀全建国南京，提倡文化，设科取士，乃聘江宁梅伯言、泾县包慎伯暨默深为乡三老。"又说魏源"因侧身洪廷，遂遭平墓之灾"。刘禺生在《世载堂杂记》中也记载，光绪二十七年（1901）他在香港听其师容闳回忆说：侍王府在城南，过秦淮河。府中有三老人，称为中国年高有大学问者，最为王所礼遇。其一是南京上元的梅曾亮，其二是安徽包世臣，其三是湖南魏源。

对于这两条证明魏源投身太平天国的史料，学界多有怀疑，认为实不可信。黄丽镛在《魏源年谱》中指出，魏源最后几年的行止比较清楚，即兴化——苏州——高邮——杭州。当时，太平军占领南京后，清军随即在南京城外孝陵卫和扬州城外分别建立了江南和江北大营，这样，南京与上述各地分别为太平天国和清政府所控制，形同敌国。曾经是清廷一州之长的魏源当然不可能来去自如。倘若魏源真的在南京做过太平天国的官，他怎么可能在短期内就返回到兴化，或苏州，或高邮，或杭州呢？清廷又怎能让这位"叛逆"如入无人之地而不加制裁呢？更值得注意的是，魏源晚年并没有供职于太平天国的思想基础。他在晚年的一首《江头月》诗中，曾把太平军比作"长爪巨牙"，对太平天国仍是一种敌视态度，不可能去做官。还有，魏源晚年埋头于整理佛经，已感到"值此乱世，一切有为，皆不可恃"，抱这种心态的人也不可能去南京做官。

至于魏源死后遭平墓之灾，黄丽镛也认为不可信。相反的记载是，左宗棠任浙江巡抚时，曾捐助资金修过魏源墓。左宗棠是靠镇压太平天国起家的，又是被曾国藩推荐任浙江巡抚的，若魏源真的"厕身洪廷"，即投奔洪秀全，左宗棠敢明目张胆地为他修墓吗？另外，咸丰八年（1858）兵部侍郎王茂荫曾上奏请重印魏源的《海国图志》，光绪年间《海国图志》重刊时，左宗棠、郭嵩焘为之作序跋。魏源还先后附祀兴化范正公祠堂，入高邮名宦祠和邵阳乡贤祠。若魏源生前真的"厕身洪廷"，死后"遭平墓之灾"，这些都是万万不可能的。

刘禺生的记载同样不可信，主要是时间上漏洞太大。太平天国的侍王即李世贤，忠王李秀成之宗弟，是太平天国后期的重要将领。李世贤被封为侍王是在咸丰十年年初，而此时魏源已在杭州去世三年，怎么能在侍王府受到侍王的礼遇呢？再有包世臣、梅曾亮也已于咸丰五年和六年去世，容闳也不可能在侍王府见到他们。

再看第二个问题，魏源晚年为何醉心于佛教？陈其泰、刘兰肖在《魏源评传》一书中有详细的分析。他们认为，魏源学佛的原因，从外部来说，是清王朝的政策和世风的导向。从内部来看，魏源学佛与其个性有一定关系。他自幼好深思，性格内敛，经常沉浸于对世界和人生大本大源问题的探究。这种对人生和天人关系的哲学思索，必然导向对佛教的研究。魏源不仅喜好独处静思，而且钟情于名山名水。静夜思和山寺游，常常引发他对"空""寂"的畅想，而"空""寂"正是佛教哲学的范畴。由此可见，性格特征和兴趣爱好是魏源学佛的内在原因。他们还认为，从个人经历上看，仕途生涯的坎坷，政治理想的破灭，也是魏源由学佛到信佛的重要原因。魏源早年就曾萌发过对佛教出世的向往，在历经沧桑之后终于汇积成热切的渴望，儒的"入世"与佛的"出世"本来就在他的人生观中矛盾地并存着，既然"入世"不能，那就只有"出世"了。

一般认为，魏源晚年信佛是他思想消沉、迷茫的表现。其实如果从他晚年所处的时代，他一生的经历、遭遇及性格特征，以及身体健康状况来分析，魏源晚年信佛并不难理解。佛学的高深和魅力曾经吸引过众多饱学之士、大家名流。魏源的好友龚自珍同样醉心佛教，此后的梁启超、谭嗣同、章太炎都对佛教情有独钟，或研究其传播，或以此作为变法或革命的思想武器。再晚一点的李叔同更是在繁华阅尽之后，以艺术大师的身份皈依佛门，为弘扬佛法竭尽全力。近代文化名家与佛学的关系是一个很值得研究的大课题。魏源晚年学佛、信佛不能简单地视为思想倒退，也不影响他在中国思想史上的地位，只不过增加了他思想和人生的复杂性，为后人研究增添了新的着眼点和挑战性。

第9章

汇众流于江河，为群望之所归

　　魏源的晚年是寂寞的，身后也很长时间被冷落。这是魏源的不幸，更是中国的不幸。正如日本人盐谷世弘在评价《海国图志》所感叹的那样："呜呼！忠智之士，忧国著书，不为其君用，反为他邦。吾不独为默深悲，抑且为清主悲！"但历史是最公平的，真正能反映时代特征、引导社会前进的著作和思想是不会永远被埋没的。在洋务运动期间，魏源的"师夷""制夷"思想逐渐为洋务派所认同，并付诸实践。甲午战争后，"师夷长技以制夷"更成为时代的最强音。梁启超作为近代社会剧变的见证者和参与者，在20世纪20年代所著的《中国近三百年学术史》中，虽认为魏源"以夷攻夷、以夷款夷、师夷长技以制夷"之三大主义，由今观之，诚幼稚可笑，但又说其论实支配百年来之人心，直至今日犹未脱离干净。这种评价，在近代史上除魏源外，又有何人能担当得起？

一、从乡下书生到思想巨人

　　魏源生于湖南乡下，也无家学渊源，从他早年读书求学的环境来看，很难想象他日后能成为影响中国百年人心的思想家。但魏源不屈服于命运的捉弄，在科场受挫、仕途不顺的境遇下，敏锐地抓住了时代的需求，靠自己的不懈奋斗终于获得了成功，以等身的著作和卓越的思想确立了在中国近代史上的不朽地位。对此，顾云在《盋山文录》中赞曰："邵阳错苗疆，山川雄奥，历世乃无闻人。先生挺出狂榛，进薮乎文物者而抗之，屹屹自树立，为世所不朽。"魏源能"挺出狂榛"，终成名家，综合起来分析，主要有以下几方面的原因。

湖湘文化与江浙文化的熏陶

任何一个人的成长都需要物质和精神营养，对一个思想家来说，精神营养更为重要。魏源虽没有出生在人文荟萃的江南，也无父兄耳提面命的传授，但他在成长过程中却能广泛吸收各类思想资源，融会贯通，最终成为既能继承传统又能创新开拓的思想巨人。

魏源的思想养料主要是湖湘文化和江浙文化。湖湘文化源于北宋末年，当时胡安国（1074～1138）、胡宏（1105～1161）父子等人，为避金人入侵之乱，南渡进入湖南，隐居南岳，建书院讲学，创立了一个崭新的湖湘学派。这一学派十分留心"经济之学"，认为圣人立言的宗旨，无不与时事相结合，反对那种空谈的"心性之学"。湖湘学派经南宋学者张栻（1133～1180）和明末清初思想家王船山（1619～1692）的发扬光大，到清代已成为重要的学术流派，岳麓书院更成为传播湖湘文化的重镇。嘉道年间，湖南的政界名流、知名学者如陶澍、唐鉴、贺长龄、贺熙龄、邓显鹤等人无不服膺和弘扬船山之学，进一步壮大了湖湘学派，并在政界和学界产生了重要的影响。

魏源是湖南人，又在岳麓书院读过书，更为重要的是，他一生的朋友也以湖南人为最多。在读书交友之际，湖湘文化的精华已沁入他的灵魂。综前所述，湖湘文化有三大特征：一是推崇理学，二是强调经世致用，三是主张躬行实践。从魏源一生的思想和行为来看，他正是吸收了湖湘文化的优良传统，并用来思考和解决现实问题。可以说，魏源是湖湘文化最杰出的代表人物之一。他从湖湘文化中汲取营养，又将湖湘文化发扬光大。近代开眼看世界的先驱出现在湖南，与湖南自宋代以来几百年的文化积累有密切的关系。

除湖湘文化外，魏源还受到江浙文化的影响。魏源长期生活在江苏，他的朋友中，江苏、浙江、安徽人也较多，如刘逢禄（江苏武进人）、龚自珍（浙江仁和人）、姚学塽（浙江归安人）、汤金钊（浙江萧山人）、胡承珙（安徽泾县人）、董桂敷（安徽婺源人，今属江西）、姚莹（安徽桐城人）、包世臣（安徽泾县人）等。江浙当时是中国文化的渊薮之地，学术名家辈出，其汉学与宋学（理学）成就在全国都处于领先地位。魏源本没有经学根底，他后来能成为今文经学的大家，主要就是受刘逢禄、龚自珍、汤金钊、姚学塽、胡承珙等人的影响。魏源经世思想以筹河、筹漕、筹盐为大宗，而有关这些诸政改革的论述，主要是他在江苏期间形成的，其中受经世名家包世臣影响最深。还有很重要的一点是，嘉道年间在江苏任职的官员多是经世学风的倡导者和实践者，因此，魏源的经世之学才有实践的机会，并在实践中不断发展和完善。

读万卷书，行万里路，交天下友

读魏源的有关传记，给人最深刻的印象就是他一生读书勤奋刻苦，酷爱游历山水，交接天下朋友。这些看似个人爱好，其实对他一生事业的成功有极大的影响。

魏源自幼酷爱读书，小时候就经常彻夜长读，他的母亲怕伤害他的身体，每到夜深不得不逼他睡觉，但当母亲熟睡之后，他又点灯再读。小小年纪，如此痴迷读书，真是少见。由于经常在家读书，不轻易出门，以至于他一出门，连狗都感到好奇，纷纷狂叫。第一次进京后，更是遍访名师，勤奋苦读，连对自己极为器重的座师都几个月不去探望。当老师以为他有病来看他时，却惊奇地发现他蓬头垢面，衣衫不整，面有菜色，不成人样。在科举时代，因读书过于勤奋，导致吐血、毙命者大有人在，魏源的家乡学友石昌化就因读书过勤而吐血，不得不饮恨科场。魏源勤学世所罕见，他没有倒在科场上，并且活到六十多岁，那是老天爷对他的眷顾。魏源的苦读经历也再次证明，一位伟大的思想家，他的成功绝不是偶然的，是几十年汗水、泪水、血水共同浇灌的结果。

魏源一生酷爱游历，"轮蹄几遍域内"。这也许只是他的个人爱好，但对一个思想家的成长却很有意义。游历能使人从奇山异水中获得灵感，从世风民情中寻求真知。魏源爱登名山，履秀水，而且凡有游必赋诗，他的几百首山水诗不光是为祖国壮丽河山添色，更展现出他的抱负、胸襟、气度和学识。他爱探幽历险，多到人迹罕至之处，这也不仅仅是为了猎奇，更能培养一个思想家不畏艰难、勇于开拓创新的品格。至于游历过程中的访友、购书更是直接与思想成长有关。魏源一生多次进京，每次都会见老朋友，结识新朋友。他正是利用道光二十七年香港、澳门之行中购得的地图、书籍，将《海国图志》由六十卷增补为一百卷。在一个剧变来临的时代，一个人如果只满足于闭门苦读，不识自然的奇奇怪怪和社会的风风雨雨，何以能成为引领时代的思想家？古人云，读万卷书，行万里路。一般人只看重前者，而忽视后者，其实两者是一个整体，缺一不可。魏源正是彻彻底底地遵循了这一古训，并从中获得无穷的教益。

爱交朋友更使魏源受益良多。他早年在家乡湖南，成年以后在京师、江南都结识众多朋友。在这些朋友中，有的是位居总督、巡抚的当朝高官，有的是学有所成、门生遍地的学术名家，更有功名未就但有真才实学的落魄文士。林林总总，各色各类，他们分别从自己的阅历和见识中给魏源提供了极为丰富的政治经验、学术见解和思想火花。有些师友的教诲和托付更直接关系到魏源一生的事业成功，如刘逢禄之于今文经学，贺长龄之于《皇朝经世文编》、林则徐之于《海国图志》，以及包世臣对魏源经世之学的影响，等等。正是有了如此多的良师益友，魏源才能时时刻刻地进行高水平的智力交流，取长补短，汇聚百家，最终成为一代巨匠。

魏源爱读书，得以广泛吸收前人的思想和学术成就；爱游历，得以领略山水的奇妙和世风的真伪；爱交友，得以充分聆听当代俊杰的真知灼见。凡此种种，再加上他天生具有爱沉思的秉性，都使他能集古今智慧之大成，从自然山水中激发灵感，从社会现实中产生动力，在大难临头之际，以少有的清醒和自觉，向懵懂无知、惊慌失措的统治者和全体国人发出"师夷长技以制夷"的呐喊。

对改革实践和战败教训的深入思考

从魏源一生的经历来看，他除了读书、写作、赶考、游历、会友之外，还有三件事对他的思想有重要的影响。一是在做幕僚期间参与多项内政改革；二是亲历浙东前线，参加过鸦片战争；三是在三个地方做过短期的地方官。

魏源在做幕僚期间，由于深得幕主的信任和器重，得以参加漕运、盐政改革和治水工程，这些都是有关国计民生的大政，也是经世派进行内政改革的试验田。魏源虽只是一个幕僚，但他在宣传、策划、总结等方面做了很多实际的工作，亲眼看到了改革的成效，亲身体验了改革的艰难，对改革的必要性和艰巨性有了更深的认识。这些具体改革的实践，使魏源从坐而论道的理论家变成了起而笃行的实干家。丰富的实践经验使魏源的经世思想更具现实性、针对性和可操作性。这是那些埋头书本、空谈时事的书生所无法相比的。

鸦片战争的经历对魏源的思想影响更大。战前，他主要关注的是漕运、盐政、河工这些弊端丛生的内政，战后，他关注的重点转向海外，在介绍海外诸国兴衰的同时，开始思考如何应对西方的侵略。这一转变使他成为极少数开眼看世界的先驱者之一，决定了他在中国历史上的不朽地位。一个伟大的思想家必须能够回答现实中最敏感、最迫切的问题，魏源做到了这一点。

魏源虽然担任州县官的时间不长，但州县官的艰辛他都尝遍了。初知东台，为前任所累，垫赔四千；再任兴化，为抗洪以命相搏，落得大病一场；最后在高邮任上，因军情迟传，被参革职。魏源在州县官任上可谓竭尽全力，最后竟落得如此下场，这也许是大半生从事文字工作的他所始料不及的。从政的艰辛，使他对积重难返的社会现实认识更加深刻，先前兴利除弊的雄心壮志也逐渐消失殆尽，在一次次挫折失望之后，最终皈依佛门，一颗经世的明星在即将陨落之际，却为佛学增添一道微弱的亮光。魏源真是天生的一块做思想家的材料，即便在临终之际也不失思想史上的意义。

思想来自观察与实践，失败的实践往往更能产生伟大的思想。作为一个终生追求仕途的书生，魏源是不幸的；但作为一个思想家，剧变的时代和丰富的经历又给他提供了充足的素材，使他在痛苦的思索和挣扎之后，终于成为走在时代前面的中国人。

仕途坎坷，怀才不遇

魏源生活在科举时代，读书做官是那一代知识分子共同的理想。魏源自幼聪明好学，在当地有"神童"之誉。童试也一路顺风，嘉庆十三年，十五岁的他就成为县学生员（也就是俗称的"秀才"）。在县学期间，他因成绩优秀，受到学政的器重，得以享受助学金。嘉庆十八年，二十岁的魏源被选为拔贡，并得以到京城读书。可此后，魏源的科场之路却变得异常坎坷。三次参加乡试，才考中举人；六次参加会试，才在五十二岁考中进士。此时再从地方官做起，在仕途上已经没有多大的空间。魏源最后竟在高邮州知州的任上被参革职，一生的仕途真可谓坎坷多舛。

魏源的仕途坎坷，对魏源个人来说也许是不幸的，但对整个中国来说也许是件幸事。可以设想，假如魏源科举之路一帆风顺，早早就考中举人、进士，甚至被选为庶吉士，进入翰林院，结果会有两种可能：一是先成为翰林院编修、检讨之类的闲官，以后可能升为各部侍郎、尚书之类的朝中大员；二是外放从地方官做起，以后也许能干到巡抚、总督这个级别。如果真是那样，魏源对中国的贡献和影响就比现在大吗？

就第一种可能而言，嘉道年间厕身于翰林院编修、检讨的可谓多矣，位居各部侍郎、尚书的也不少，可在君主专制制度下，他们又能为日趋衰落的大清王朝和受苦受难的黎民百姓做些什么？几个人的名字能被后人记起？魏源在《都中吟》中对这类只知道"小楷书，八韵诗"的翰林、谏官给予了辛辣的讽刺。穆彰阿可谓道光朝第一权臣，可咸丰帝刚继位，即拿他开刀，落个革职永不叙用的下场。朝廷对他的评价是："身任大学士，受累朝知遇之恩，不思其难其慎、同心同德，乃保位贪荣，妨贤病国，小忠小信，阴柔以售其奸，伪学伪才，揣摩以逢主意。从前夷务之兴，穆彰阿倾排异己，深堪痛恨！"穆彰阿落此下场全是咎由自取。魏源因科场不顺，没有和这样误国误民的"奸臣"同朝为官，何尝不是他的幸运？

就第二种可能而言，魏源若能当上巡抚、总督，想必是一个能干的清官，也许能像陶澍、贺长龄、林则徐一样成为坐镇一方的地方大员，将自己的某些经世主张付诸实践，在中国近代史上留下大名。但就贡献和影响而言，魏源与这些封疆大吏相比，丝毫不逊色，甚至可以说高出一筹。魏源以著作和思想转移学风，引导中国人认识世界，其贡献和影响绝非某些封疆大吏所能相比。

魏源一生的遭遇令人同情，但他在仕途受挫的困境下，没有消沉和气馁，而是利用一切可能的条件，凭自己的不懈努力终于开辟出一条思想之路。古语讲，诗穷而后工，作为思想家又何尝不是需要在泪水、血水中反复浸泡！思想家都是燃烧自己，照亮别人，魏源的一生的遭遇和成功正是一个鲜活的例子。

一颗忧国忧民之心

魏源能成为一位伟大的思想家还有一个重要的原因，那就是他始终怀抱有一颗忧国忧民、爱国爱民之心。这有他的大量的诗词为证。如嘉庆十九年魏源第一次入京，途经河南看到了上年滑县天理教起义失败后的惨状，非常震惊。他在《北上杂诗七首》中写道："去岁大兵后，大祲今苦饥。黄沙万殍骨，白月千战垒。至今禾麦地，极目森蒿藜。借问酿寇由，色哽不敢唏。"老百姓为了活命，不得不挖野菜充饥，甚至吞吃有毒的荞麦花："麦秋不及待，人饥已奈何！明知麦花毒，急那择其他。食鸩止渴饥，僵者如乱麻。"魏源生在湖南乡下，家乡山清水秀，父亲在外做官，家道虽不富裕，但衣食无忧，眼前的惨状与他以前生活的环境形成巨大的反差，在他年轻的心中留下深刻的印记，成为他后来致力于经世之学的现实原因。晚年的他在高邮做官期间，又写有《江南吟十首》，对江南人民的苦难给予了深刻的同情，对地方官的贪婪行为给予了无情的揭露。

魏源还参加过鸦片战争，战争的失败使他悲愤难平。他在《寰海》《秋兴》等诗中"悲吟而啸"，发泄自己对清朝统治者的不满。"梦中疏草苍生泪，诗里莺花稗史情"，睡梦中还在起草奏章陈述百姓的疾苦，诗歌里抒发的都是自己研究战争、总结教训的一片衷情。其忧国忧民之心何其赤诚与热烈！

魏源一生关注时代，关注民生。面对国势衰落、民不聊生的现状，他忧心如焚，不能坐视，用如椽巨笔尽情地挥洒自己对国事的担忧、对民众的同情，并积极寻找应对之策。"不忧一家寒，所忧四海饥"，始终保持一颗与时代和人民一起跳动的心，正是魏源能成为一位爱国爱民思想家的情感基础。

二、创榛辟莽，前驱先路

魏源在《海国图志》五十卷本叙言中说，此书钩稽贯串，创榛辟莽，前驱先路。其实，就魏源一生的贡献而言，他在中国近代史上所起的作用正是"创榛辟莽，前驱先路"。他被公认为开眼看世界的先驱、晚清学术运动的启蒙大师、成就卓越的学者和著名的诗人。

开眼看世界的先驱

魏源生活的时代是清王朝由盛转衰、社会矛盾日益激化的时代，也是西方列强踏波叩关、强行闯入的时代。内忧外患的压力必然会引起社会剧变，剧变的时代必然会产生反映时代需求、引领时代前进的巨人。魏源就是承担这一使命的巨人。魏源一生的贡献有很多方面，但最具影响、最有划时代意义的贡献，还是他编著的《海国图志》将中国人从天朝上国的迷梦中警醒，开始了解从海上而来的陌生对手，从而将中国由闭关锁国的时代引向开眼看世界的时代。

生活在今天的人们，也许无法了解一百七十年前中国对世界的认知程度。由于之前长期的闭关锁国，中国人对外部世界几乎是一无所知，仍以"蛮夷"视之。当英国炮舰打到家门时，作为最高统治者的道光皇帝，还在向臣子们询问，英国在何处？与中国有无陆路相通？连亲往广东查禁鸦片、最注意收集外国情报的林则徐最初都相信英国士兵因打有裹腿，只能在船上耍横，一上陆地便行动不便，跌倒就爬不起来。其他人更是等而下之，谈起外国，犹如夏虫不足以语冰。

在此背景下，了解世界、认识世界就成为当时中国最紧迫的任务，是关系到中华民族生死存亡的大问题。谁能最先回答这个问题，谁回答得最好，谁就是中华民族的大恩人，谁就能在中国历史上不朽。林则徐作了最初的努力，取得了一定的成效。魏源在林则徐被发配新疆无法继续从事这项事业时，不负老友重托，奋笔疾书，在鸦片战争结束后几个月就编成了《海国图志》五十卷本，之后又不断修订，最后在咸丰二年增补为百卷本。此书一出，标志着中国人开眼看世界的时代已经到来，其意义和影响无论如何拔高都不会过分。近代之初，与魏源一同开眼看世界的先驱可能有数位，但魏源无疑是最为突出的、贡献最大的一位。

揭橥百年主题

英国用炮舰轰开了中国大门，中国在战败之后被迫接受屈辱的不平等的条约。面对如此奇耻大辱，每一个中国人，正如魏源所言"凡有血气者所宜愤悱，凡有耳目心知者所宜讲画"。如何"愤悱"？如何"讲画"？这是一个关系到中华民族生死存亡的大问题。是把英国佬再轰出去，重新回到闭关锁国、自我陶醉的时代，还是直面落后、奋起直追，早日跻身于世界强国之林？前一种可能性实际上并不存在，那么后一种就是必然的选择。

魏源对此问题的回答是"师夷长技以制夷"。这七个字今天看来似乎平常无奇，但在当时却具有石破天惊、振聋发聩的巨大冲击力和影响力。中国在古代长期领先于世界，在一般人看来，只有别人向自己学习的份，哪有自己向别人学习的理？向别人学习这不就是孟子所说的"以夷变夏"吗？从来只有

"以夏变夷"，现在竟然要"以夷变夏"，如此下去，将伊于胡底？中国还是中国、华夏还是华夏吗？

对"师夷长技以制夷"这一闻所未闻的旷世高论，别说顽固派死命地攻击，一般人也无法接受，就连像梁廷枏这样开眼看世界的先驱人物都难以认同。梁写过《海国四说》介绍过英、美等国的制度，但他在《夷氛闻记》中就认为向外国学习，"延其人而受其学，失体孰甚"！"反求胜夷之道于夷，古今无是理也。"显然，他的认识比魏源相差甚远。从而也更能反衬出魏源超越流俗、不同凡人的伟大之处。

"师夷长技以制夷"准确揭示了近代的主题，成为近代中国的最强音，一代又一代志士仁人为实现这一目标，前赴后继，呕心沥血，在付出巨大的代价和牺牲之后，终于实现了这一目标。今日的中国即将跻身于世界强国之林，我们不要忘记那些为之奋斗过的先驱和前辈，更不能忘记最先提出这一主张的魏源先生。

晚清学术运动之启蒙大师

1950 年，著名史学家齐思和先生在《燕京学报》上发表了一篇题为《魏源与晚清学风》的论文，被誉为是魏源研究的开山之作。齐在这篇长文中，将整个清代学术风气的转变分为三个时期：第一期是清初黜虚崇质，提倡实学，其代表人物是顾炎武；第二期是乾嘉时期，学者趋于考据一途，为纯学术的研究，其代表人物是戴震；第三期是嘉道以来，学者又好言经世，以图富强，其代表人物是魏源。

齐思和认为，以上三位先生，皆集前修之大成，开一代之风气，继往而开来，守先而待后，系乎百余年学术之升沉。但以往研究清代学术者，皆以汉学为主流，薄视经世派，以为肤浅，对顾、戴诸儒，推崇备至，至今顾、戴之名，已如丽日中天。而魏源，或厕身于刘逢禄、龚自珍之间，或附见于文苑之末，皆以文士或章句之儒视之。这显然是没有真正认识到魏源的学术地位和影响。在齐思和看来，晚清学术之风气，倡经世以谋富强，讲掌故以明国是，崇今文以谈变法，究舆地以筹边防。凡此数学，魏源或倡导之，或光大之。汇众流于江河，为群望之所归。岂非一代大儒，新学之蚕丛哉？若魏源学术地位不明，何以论列近百年来学术之源流？

在详细论述魏源所处的时代、经世思想、对当时诸大政的贡献、本朝掌故之学、边疆与域外史地、今文经学之后，齐思和在文章的最后总结说，晚清学术，以经世为主，其提倡今文，亦在其通经致用。魏源兼揽众长，各造其极，且能施之于实行，不徒托诸空言，不愧为晚清学术运动之启蒙大师。如此评价，精辟至当，不容后人再赞一语。

成就卓越的学者

魏源被后人视为百科全书式的学者，从现代学术门类来看，他的学术涉及文学、史学、哲学、政治学、经济学、教育学、军事学、地理学、佛学等诸多领域，既对中国传统学术如儒家、道家、孙吴兵家、申韩法家、墨家、阴阳家、佛学有较深入的研究，又能开眼看世界，对海外诸国的历史地理、经济军事、制度风俗、兴衰成败进行较为全面的介绍，把一个陌生的世界呈现在中国人的面前。如此丰富庞杂的学术体系，在近代名家中并不多见。

郭汉民、田海林在《纪念魏源 200 周年诞辰国际学术研讨会综述》一文中，对魏源的一生的成就作了全面的概况。该文指出，魏源是一位杰出的思想家、坐言起行的改革家、著作等身的经学家、博古通今的史学家、造诣极深的舆地学家、诗文俱佳的诗人和文学家、见解独到的军事理论家，还是对净土四经深有研究的佛门信徒和"州有九，涉其八；岳有五，登其四"（其实已登遍五岳）的旅游家。龚自珍则称他"读万卷书，行万里路，综一代典，成一家言"，堪称一位百科全书式的学者，一个集装箱式的文化巨人。魏源一生跨中古与近代两个时代，在思想文化史上，诚如恩格斯所说的意大利诗人但丁那样，既是中古时代最后一位人物，又是近代最初的一位人物，具有承先启后、继往开来、创榛辟莽、前驱先路的历史地位，对历史发展已经具有并将继续具有多方面的重要影响。以上评价全面而准确，就魏源一生的贡献和影响而言，他受之无愧。

"包孕时感"的诗人

魏源还是中国近代著名的诗人，现存诗有八百首左右。他的诗大体可分为两类：一是政治诗，一是山水诗。他的政治诗深刻反映了鸦片战争前后的社会现实和自己的理想与追求，带有强烈的现实性和深刻的批判性，其特征正如何绍基所言"包孕时感"。其中的名篇有反映民众苦难、抨击吏治腐败的《北上杂诗》《江南吟》《都中吟》等；有揭露清朝统治者在战争中昏庸无能表现的《寰海》《寰海后》《秋兴》《秋兴后》等。他的山水诗约有五百首，占其全部诗歌的三分之二，以"雄浑遒劲，气势奔放"为主要特色，在我国山水诗的发展史中应占有一席之地。也许是因为魏源的学术和思想过于突出，以至于影响到后人对他诗歌成就的评价。但就实际成就而言，无论从文还是从诗的角度，魏源都是中国近代文学史上的重要作家。

三、其论实支配百年来之人心

1857 年，魏源病逝于杭州。此时的中国，内有农民起义的烈焰，外有英法联军的入侵，山河破碎，风雨飘摇。魏源想必是带着无限的遗憾离开这个乱世的，他死后也长期被人冷落，但真正的思想家是不会永远寂寞的，他的价值早晚终会彰显出来。魏源死后先冷后热的遭遇，与中国人民从蒙昧走向觉醒的历程完全吻合。

实为变法之萌芽

1858 年，兵部左侍郎王茂荫上奏，建议重印《海国图志》，供亲王大臣、宗室八旗学习，没有得到朝廷的回应。1875 年，时任陕甘总督的左宗棠为重刻的《海国图志》作叙，认为此书所拟方略，非尽可行，但大端不能加也，并把福州造轮船和甘肃制枪炮视为魏源"师夷长技"的具体实践。洋务运动虽是魏源"师夷长技以制夷"的实践，但魏源著作和思想的价值仍没有引起足够的重视。

甲午战争后，中国面临的形势更加严峻，救亡图存、变法维新成为时代的最强音。半个世纪前魏源提出的"师夷长技以制夷"再次成为救国的利器，魏源的著作开始被大量刊印，研究魏源思想的学者也逐渐增多。据不完全统计，在戊戌变法到辛亥革命这一时期，魏源的《皇朝经世文编》《圣武记》《海国图志》和《诗古微》《书古微》被翻印重版四十余次，其中

《皇朝经世文编》《圣武记》各有十余种版本。还有诸多名家如冯桂芬、王韬、薛福成、李慈铭、张之洞、谭嗣同、刘师培、皮锡瑞、王先谦、叶德辉、章太炎、王国维、梁启超等谈论过魏源的著作和思想，其中尤以梁启超的评价最为全面客观。梁启超认为魏源与龚自珍同为常州派今文学之骁将，又善治史，著《圣武记》及《新元史》（《元史新编》）；又好谈时务，著《海国图志》，述域外地理及海防政策，故"清季思想界，默深筚路蓝缕之功高也"。又认为，"魏源著《海国图志》，倡师夷长技以制夷之说，林则徐之创译西报，实为变法之萌芽"。

民国时期，学术界对魏源及其著作的研究又有新的发展，其显著表现有二：一是为魏源撰写的传记明显增多，而且篇幅越来越长；二是对魏源生平逸事、师友及其著作、思想的研究著作不断出现。据不完全统计，这一时期出现的魏源传记将近有十五种。特别是邵阳学者李柏荣，对魏源进行过多方面的研究，1936年辑成《魏默深师友记》一书，1937年续补，共记魏源师友二百三十三人，成为研究魏源生平交往及其思想的重要参考资料。他还搜罗旧闻，撰成《日涛杂著》一书，从不同方面反映魏源逸事。无锡学者钱基博在《近百年湖南学风》一书中，用近五千字的篇幅论及魏源著作和思想。认为《海国图志》是"国人谈瀛海故实者之开山"，其师长、筹海诸论，"有建诸天地而不悖，百世以俟天挺伟人而不惑者"。另外，李肖聃在《湘学略》一书中有《魏默深先生源》一节，分别从经学、史学、外事、经济、佛学等方面说明魏氏开风气之先和有功于学术者。

民国时期对魏源《元史新编》的研究颇引人注目。梁启超、郑鹤声、胡玉缙、李抱一等学者对此都有深切的评说。1924年，郑鹤声在《史地学报》第三卷《清儒对于元史之研究》一文中认为，至魏默深《元史新编》一出，而元史之面目为之一新。此书可谓自道咸以前，清儒整理元史得成完本第一部巨著，足以总括百家。

百科全书型的思想家

1949 年以后，魏源的研究几经起伏，但总的趋势是评价越来越高，其著作和思想价值被充分挖掘出来，魏源在中国近代史上的不朽地位被真正确立。

1950 年 12 月，《燕京学报》发表了著名史学家齐思和先生的《魏源与晚清学风》一文，对魏源的著作、事功、思想和学术贡献进行了系统全面的论述，是魏源研究的开山之作，其诸多精辟论断至今仍为学界所赞同。2004 年出版的《魏源全集》将此文全文收录，足见此文在魏源研究史上的不朽价值。齐思和将魏源与顾炎武、戴震一同视为关系百余年学术升沉之关键人物，称他不愧为晚清学术运动之启蒙大师。此文虽发表于1950 年，但其研究方法和行文风格仍遵循民国学术路向，亦可以视为民国研究魏源之最后总结。另外，冯友兰 1953 年在《历史教学》上发表《魏源的思想》，1957 年 3 月 26 日又在《人民日报》上发表《魏源——十九世纪的中国先进思想家》一文，奠定了魏源思想家的历史地位。

20 世纪 60 年代以后，受"文革"的影响，魏源研究一度陷于停顿。70 年代初，魏源的研究又被纳入"儒法斗争"的行列，成为政治斗争的工具。1976 年中华书局出版《魏源集》上下册，为此后的魏源研究提供了基本的资料。

1979 年以后，魏源研究进入了一个新时期，大量高水平的学术著作不断出现，高规格的学术研讨会也不断召开。1994 年

9月，纪念魏源诞辰200周年国际学术研讨会在魏源家乡湖南邵阳召开。这是对新时期魏源研究成绩的一次大检阅，会后出版了《魏源与近代中国改革开放》一书。郭汉民、田海林在会议综述中，从七方面总结了魏源研究的成果，并对魏源的历史地位进行了极为全面的概括，称他是一位百科全书式的学者，一个集装箱式的文化巨人。

在魏源评价不断拔高的大趋势下，也有不同的意见。1995年朱维铮在《魏源，尘梦醒否?》（收入《音调未定的传统》一书）一文中，将魏源视为一名被资本主义物质文明惊呆了的登徒子、剽窃别人研究成果的不良学者和"首施两端，作政治赌博"的人。这是对魏源极为严重的指控，直接关系到魏源的人格和地位。此文一出，立即引发学界争论。对魏源素有研究的学者李瑚在《再论魏源》一文中对朱维铮的论点进行了全面的反驳。李瑚通过对魏源诗作《澳门花园听夷女洋琴歌》和《香港岛观海市歌》的分析，认为魏源既不是贪恋女色的登徒子，也不是为香港初期繁荣惊呆了的刘姥姥，而是一个学识渊博、具有远大理想的伟大诗人。李瑚还认为，说魏源把林则徐《四洲志》译稿说成是自己的著作，说《圣武记》是吹捧帝王，以鼓励"墨守成规"，说《道光洋艘征抚记》以责贤为名，实际上是诬蔑，凡此都是没有根据的。

2004年，《魏源全集》出版，著名史学家章开沅先生为全集撰写长篇序言，代表了学术界对魏源的最新认识。章先生认为，魏源对我们民族的最大贡献，就是从一开始就把人们对于外来侵略的义愤引向理性的思考，即所谓"凡有血气者所宜愤悱，凡有耳目心知者所宜讲画也"。把愤悱与启发联系在一起，特别是与民族的觉醒联系在一起，这正是魏源高于当时一般爱国文士的智者风范。魏源主张"祛寐（启蒙）"与"讲画

（应对）"，努力提高整个民族的觉悟与智慧，实乃抓住了鸦片战争后关系中国存亡问题的根本。

章先生在序言中认为"师夷长技以制夷"是具有划时代意义的光辉命题，表现出魏源的远见卓识与超人胆略，并从五方面分析这一命题在思想文化史上的意义：

其一，中华民族历来以文明古国自傲，而以野蛮的夷狄看待外邦，即令时至已经衰微的清朝中期，这种荒诞的观念仍然占统治地位，并且与专制皇权的尊严紧密结合在一起，不容许有任何逾越。魏源在战败之后立即作出明智的反应，并且一反传统提出"师夷"口号，这需要多大的勇气！

其二，在对外交往方面，清朝历来把外国视为藩属下邦，其基本观念是"治"，即力图以武力威慑或以道德感化来维持自己主观上勾画的世界秩序。鸦片战争后，魏源把立足点从"治"转为"师"，即师法一直被视为夷狄且正相敌对的西方国家。从"治"到"师"，虽然是一字之差，却反映了人们思想的深刻变化。

其三，"师夷"的范围虽然只限定于"长技"，但"技"可以称之为"长"，也包含着深刻的观念变化。

其四，"长技"虽然主要是指"战舰"与"火器"，但师法此类军事"长技"毕竟是东方国家效仿西方近现代文明不可逾越的初阶。新式武器的使用必然要涉及"养兵练兵之法"的革新，涉及教育、管理和官兵素质的提高，乃至军事编制和工厂体制诸方面的变革。这样，物质文明又通向了心性文明，任何局部的改革终将引起社会整体变革，古今中外概莫能外。

其五，魏源自己也没有把"长技"限定于武器范围之内。他主张，造船厂、枪炮厂在制造足够船械之余，"凡有益民用者，皆可于此造之"。已经在某种程度上表现出把兵工厂延伸到民用工业的意愿，或许可以说，魏源已经轻轻叩击了中国工业现代化的门扉。

在序言最后，章先生指出，魏源是一位百科全书型的思想家，其著作内容之丰富与涉及范围之广泛，至今仍然令人惊叹，并认为齐思和先生称魏源不愧为晚清学术运动之启蒙大师，确为非常妥切的评价。由于认知条件的局限，魏源所提供的外在世界的相关资讯，难免间有肤浅错误之处。但可贵的是他在千古难遇的大变局下那种积极而又冷静的理性精神，特别是他所具有的"受光于天下照四方"的开放而又自信的心态，至今仍然值得我们尊敬和借鉴。

前赴后继，终出全集

2004 年，《魏源全集》20 册由岳麓书社隆重推出，这是出版界和学术界的一件盛事，更是魏源研究史上具有里程碑意义的大事。可这部全集的编辑和出版仿佛同魏源的命运一样，历经颇多曲折和变故，最终经两任主编、数十位编校人员二十余年的努力才得以问世。

早在 1982 年岳麓书社成立伊始，当时的湖南古籍整理出版规划小组就将整理出版《魏源全集》作为出版工作的重点任务之一，并上报批准为国家古籍整理出版规划重点项目。后于1983 年组成《魏源全集》编辑委员会，在长沙召开了第一次编委扩大会议。会议决定将魏源著作及其编辑的重要著作一并纳入全集，分 20 册出版，并确定了承担各种著作校勘整理工作的单位和校点人以及交稿时间。不幸的是主编 1992 年辞世，给编辑工作带来了极大的困难。2001 年，湖南出版集团重新启动《魏源全集》的整理出版工作。经过编委会和编校人员的共同努力，2004 年 12 月，皇皇二十巨册的《魏源全集》终于全部出版。《魏源全集》的出版，将对魏源经学、史学、文学、舆地学、兵学、佛学、道学、经济、风俗、方志及魏源相关人物等诸多方面的深入研究创造新的条件，促使魏源研究进一步拓展新的领域，迈上新的台阶。

附　录

年　谱

1794年（清乾隆五十九年）　三月二十四辰时，生于湖南邵阳金潭（今
　　隆回县司门前镇金潭）。

1800年（嘉庆五年）　入家塾，勤学异常，常读书至深夜。

1802年（嘉庆七年）　应童子试，虽年幼，已能对对子。

1803年（嘉庆八年）　祖父卒，祖母病瘫。父在外做官，家中生活困难。
　　母亲忙于纺绩，魏源读书更勤。

1806年（嘉庆十一年）　在家乡读书。叔父魏辅邦为家塾聘请名师，督导
　　甚严。

1807年（嘉庆十二年）　随父往江苏任所。

1808年（嘉庆十三年）　入邵阳县学。

1809年（嘉庆十四年）　在县学读书。

1810年（嘉庆十五年）　在县学读书，享受助学金。教授生徒。游南岳
　　衡山。

1812年（嘉庆十七年）　在岳麓书院读书。

1813年（嘉庆十八年）　被湖南学政汤金钊选为拔贡。

1814年（嘉庆十九年）　随父入京。在京城拜访陶澍、周系英、贺长龄、
　　汤金钊、李宗瀚等，与陈沆相识，结为挚友。从胡承珙学汉儒家法，
　　从姚学塽学宋儒之学，从刘逢禄学公羊学。

1815年（嘉庆二十年）　在李宗瀚家中教馆。

1816年（嘉庆二十一年）　在京刻苦读书。初冬自京回湖南，中途游
　　泰山。

1817 年（嘉庆二十二年）　在邵阳家中侍母，在长沙授徒。

1818 年（嘉庆二十三年）　与友人应邀往湖南辰州纂修《屯防志》和《凤凰厅志》。

1819 年（嘉庆二十四年）　在北京中顺天府乡试副贡生。与龚自珍相识。赴山西就贺长龄幕。游嵩山、华山，出潼关，过子午谷，往四川，与陶澍相见于重庆川东道。自嘉陵江出蜀，沿途考察地理。

1820 年（嘉庆二十五年）　送家属往江苏父亲任所，从此定居江苏。

1821 年（道光元年）　在北京应顺天府乡试，再中副贡生。

1822 年（道光二年）　在北京应顺天府乡试，中举人第二名，时称"南元"。《诗古微》二卷本完稿。开始撰写《默觚》一书。应直隶提督杨芳之邀，往古北口，教杨芳家馆。

1823 年（道光三年）　与龚自珍、姚莹、汤鹏、张际亮等研究时务。仍任教于杨芳家馆。第一次参加会试，未中。

1824 年（道光四年）　初春回江苏探亲。三月至湖南常德杨芳署中。年底自常德回江苏，结束十一年的漂泊生涯。

1825 年（道光五年）　入江苏布政使贺长龄幕，代贺编辑《皇朝经世文编》。参与筹划漕粮海运，作《筹漕篇》（上）。

1826 年（道光六年）　江南试行海运成功，魏源作《道光丙戌海运记》。《皇朝经世文编》编成。在北京参加会试，未中。

1827 年（道光七年）　作《筹漕篇》（下），代陶澍作《复蒋中堂论南漕书》。

1828 年（道光八年）　在北京，捐资任内阁中书舍人。至杭州，从钱东甫问佛学。东游天台山、四明山、雁荡山。冬随汤金钊经历西北。

1829 年（道光九年）　在北京参加会试，仍未中。阅内阁所藏档案、书籍，广泛收集史料。

1830 年（道光十年）　在京城。

1831 年（道光十一年）　回江苏省亲，父病逝。在苏州守制。

1832 年（道光十二年）　在北京参加会试，未中。佐两江总督陶澍改革淮北盐法。

1833 年（道光十三年）　江南水患，作《湖广水利论》《东南七郡水利略叙》。

1834 年（道光十四年）　与友人游江苏云台山。

1835 年（道光十五年）　至北京参加会试，仍未中。回江苏，在扬州购置絜园。

1836 年（道光十六年）　在扬州。

1837 年（道光十七年）　在扬州，研究明史，编纂《明代食兵二政录》。

1838 年（道光十八年）　在扬州，代海州分司运判童濂编纂《淮北票盐志略》。撰《淮南盐法轻本敌私议》。

1839 年（道光十九年）　回乡扫墓，与族人商议重修族谱。陶澍卒，作《神道碑铭》及《陶公行状》。

1840 年（道光二十年）　奉命修浚江苏徒阳河。至浙江宁波，在钦差大臣伊里布军营中审讯英俘。

1841 年（道光二十一年）　在浙江，入两江总督、钦差大臣裕谦幕。赴镇江，与林则徐会晤，林赠《四洲志》译稿，嘱撰《海国图志》。

1842 年（道光二十二年）　在扬州，著《圣武记》。编成《海国图志》五十卷。

1843 年（道光二十三年）　因生计所迫，又至北京准备应试。

1844 年（道光二十四年）　在京第六次参加会试，中第十九名。因试卷草稿字迹模糊，罚停殿试一年。作《都中吟》诗十三首。

1845 年（道光二十五年）　为补殿试北上，考察畿辅水利，作《畿辅水利议》。补行殿试，赐同进士出身，以知州用，分发江苏。秋，署江苏东台知县。

1846 年（道光二十六年）　在江苏东台，为前任知县赔垫四千，生活发生困难。母亲病逝，去官守制。

1847 年（道光二十七年）　在扬州守制。南游湖南、广西、广东、澳门、香港等地，半年往返八千里。

1848 年（道光二十八年）　迁父葬母。与友人再游庐山。

1849 年（道光二十九年）　权知扬州兴化县。修建学宫、书院、育婴堂等。

1850 年（道光三十年）　调离兴化，佐两江总督陆建瀛整治两淮盐法，兼任海州分司运判。调任高邮州知州，仍兼海州分司运判。

1851 年（咸丰元年）　任高邮州知州。因前年抗洪积劳，患黄疸病，险些不起。公事之余，整理旧稿。

1852 年（咸丰二年）　任高邮知州。第三次修订《海国图志》，增补为一百卷。

1853 年（咸丰三年）　太平军攻占扬州。魏源在高邮布防。因迟送江南文报，被参革职。赴署安徽巡抚周天爵军营听候差遣。旋回兴化。后官复知州，已无心仕宦。

1854 年（咸丰四年）　隐居苏州。研究佛经，笃信佛教。

1855 年（咸丰五年）　整理《书古微》，重订《诗古微》。

1856 年（咸丰六年）　在高邮，病中录《净土四经》。游杭州，暂住僧舍。拟将《元史新编》托浙江巡抚奏进，未果。

1857 年（咸丰七年）　三月初一，病逝于杭州。享年六十四岁。葬于西湖南屏山之方家峪。

主要著作

《魏源全集》（20 册），岳麓书社，2004 年。

参考书目

1. 王家俭：《魏源年谱》，台北中央研究院近代史研究所，1967 年。

2. 《魏源集》（上下册），中华书局，1976 年。

3. 李柏荣：《魏源师友记》，岳麓书社，1983 年。

4. 魏源：《圣武记》（上下册），中华书局，1984 年。

5. 宁靖编：《鸦片战争史论文专集续编》，人民出版社，1984 年。

6. 姚薇元：《鸦片战争史实考》，人民出版社，1984 年。

7. 黄丽镛:《魏源年谱》,湖南人民出版社,1985年。

8. 郭延礼:《龚自珍年谱》,齐鲁书社,1987年。

9. 汤志钧:《近代经学与政治》,中华书局,1989年。

10. 贺长龄、魏源编:《清经世文编》(上中下册),中华书局,1992年。

11. 高虹:《放眼世界——魏源与〈海国图志〉》,辽海出版社,1997年。

12. 梁启超:《清代学术概论》,上海古籍出版社,1998年。

13. 李少军:《魏源与冯桂芬》,湖北教育出版社,2000年。

14. 李素平:《魏源思想探析》,巴蜀书社,2005年。

15. 陈其泰、刘兰肖:《魏源评传》,南京大学出版社,2005年。

16. 茅海建:《天朝的崩溃》,生活·读书·新知三联书店,2005年。

17. 彭大成、韩秀珍:《魏源与西学东渐》,湖南师范大学出版社,2005年。

18. 夏剑钦:《魏源传》,岳麓书社,2006年。

19. 李瑚:《魏源研究》,朝华出版社,2008年。